Sex-vicio al Cliente.

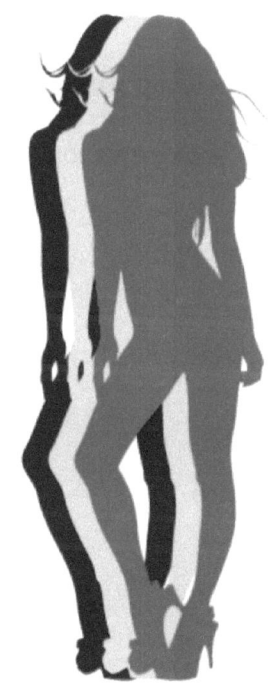

Parte I.

Índice.

Capítulo I: El inicio de todos los males   5

Capítulo II: Producto o Servicio.   21

Capítulo III: La Necesidad.   29

     3.1 La Necesidad del cliente.   36

     3.2 La empresa cubriendo la necesidad del cliente. 42

Capitulo III: En busca de la información.   44

     4.1 Información de contacto en la mano del cliente. 52

     4.2 En verdad ¿quiero que el cliente sepa de mi

         o no?   59

Capítulo V: Primer Contacto.   64

     5.1 El cliente en la empresa.   66

     5.2 La primera impresión es la que cuenta.   73

Capítulo VI: Me instalo para la ocasión.   77

     6.1 El cliente en su hogar.   84

     6.2 Un buen lugar de trabajo.   89

Capítulo VII: El primer vistazo.   95

    7.1 Un rostro representa confianza.   99

    7.2 Gato pardo.   105

Capítulo VIII: Un beso que rompe el hielo.   113

    8.1 ¿Quién rompe el hielo?   118

    8.2 Tan frio como el universo.   124

Capítulo IX: La primera caricia.   132

    9.1 A veces no basta solo escuchar,

        a veces queremos ver.   136

    9.2 El uso de las nuevas tecnologías.   140

Capítulo X: El masaje que pedí.   146

    10.1 ¿Cubrieron mis expectativas?   150

    10.2 ¿Hemos logrado cubrir las expectativas de los 156 clientes?

Capitulo XI: Creo que estoy muerto,

porque me pongo duro.   164

   11.1   Esto me puede alegrar el día.

168

   11.2   El Acto de servir.

173

Claves de la primera parte.   178

Capítulo I: El inicio de todos los males.

Nada es fácil hoy en día y mucho menos tener que vivir día a día con tantas cosas que nos rodean, ropa, zapatos, comida, televisores, celulares, tablets, computadoras, muebles, autos, bicicletas, servicios, libros, video juegos e infinidad de cosas más que nos rodean sin darnos cuenta, supongamos que el fin de semana nos disponemos a salir con nuestra familia, ya sea con nuestros hijos y esposa o padres y hermanos, primero nos preparamos para salir, los niños se levantan de una linda acogedora cama cubierta de sabanas, una cobija muy suave hipo alergénica para que no haya problemas de alergias, mientras nosotros nos metemos a bañar con agua caliente, misma que proviene de un calentador solar, que hace apenas poco tiempo nos instalaron y que compramos en una tienda por tener buen precio.

Todos están listos para salir, los niños cargan juguetes para entretenerse en camino al supermercado, video juegos, muñecos de acción, muñecas actuales, carritos; o si hay un bebe en la familia, tenemos que cargar con un portabebés, un cochecito, la pañalera, juguetes para entretenerlo, un chupón, mordederas, para aquello de los dientes, ya todos listos nos subimos al auto, que este puede variar mucho dependiendo de nuestro nivel de ingresos y el número de integrantes en la familia, pero el auto puede variar desde un pequeño compacto, hasta una camioneta familiar, para 7 pasajeros, pero lo importante es salir en familia a dar un paseo por la ciudad y llevar a la mujer a que haga el mandado y de paso comer en la calle en algún lugar.

Pero el día apenas empieza, no quiere decir que sea temprano, más bien apenas vamos saliendo de la casa, la primera parada es al cine, hoy pasan una película de dibujos animados y que mejor ir a la primera o segunda función del cine, cuando no hay tanta gente, para que los niños se diviertan un rato, es aquí donde tenemos que tomar una decisión, ir al cine azul, al rojo o al amarillo, esto también depende mucho de en qué ciudad vivamos, en algunas otras solo se puede elegir uno solo, pero en otras si podemos elegir de entre tres o cuatro cadenas diferentes, pero siempre lo ideal es ir a uno que este en un centro comercial, así cuando salgamos de ver la película podemos pasar por las demás tiendas a fisgonear un poco.

Después de unos puñados de palomitas que le hemos quitado al que teníamos a lado y unos sorbos de refresco, salimos a pasear por las tiendas, que por lo regular lo que más hay son tiendas departamentales, tiendas de electrónicos y las tiendas más peligrosas para las tarjetas de crédito, las tiendas de ropa y zapatos, pero no hay de otra, tenemos que dar a torcer nuestro brazo y cuando menos lo pensamos la mujer carga con varias bolsas, que si un pantalón, una blusa, un par de zapatos y tú ya traes una bolsa cargando con algo para los niños, pero aun no traes algo para ti, pero aun tienes una oportunidad, vez en un aparador una camisa o una playera polo que te ha llamado la atención, te pierdes un minuto y ya tienes tu playera, ya sea que traiga un cocodrilo bordado, un ancla, una palomita, un alce, una bandera, un animal salvaje, un velero, un águila, o lo que sea, pero te sientes feliz, o al menos eso es lo que piensas.

Dejas de los niños y tu mujer que decidan que es lo comerán, en el lugar hay restaurantes, un área de comida, si bien te va hay ensaladas, pero los hay de todos tipos, puedes encontrarte restaurantes de comida, mexicana, italiana, china, internacional, francesa, americana, japonesa, también todo tipo de postres que se hacen muy apetecibles, pero dejas en manos de ellos, a su gusto, a su parecer y por fin terminas en una mesa sentado, comiendo un plato que muy probablemente muy pocas veces lo has probado.

Ya es algo tarde y aún faltan cosas por hacer, una de ellas es hacer el mandado, el súper, la despensa, así que es hora de irse de ir al supermercado, y claro que no vas al más cercano, vas al que más te gusta, vas al que reúne todas las cualidades que a ti te hacen sentir bien, llámese como se llame, pasas una hora o incluso más tiempo eligiendo todos los productos que necesitas en casa, ya sea que las escojas tu alguien más de tu familia y cuando llegas a la caja, pones en el mostrados tantas cosas, que no caben en la banda transportadora, hay de todo, leche, arroz, huevo, pan, frutas, verduras, artículos de limpieza, cereal, embutidos, dulces, queso, yogurt, sazonadores de comida, comida rápida, un six de cerveza e incluso cosas que no sabías que existían.

Por fin has llegado a casa, quieres terminar rápido de acomodar todo lo que has traído para poder descansar un poco, mañana es Lunes y sabes que una semana más está por iniciar, los niños van a la escuela o la guardería, y tú a trabajar, pero hay que dejar todo listo para que mañana sea otro día normal, otro día como cualquier otro en esta vida que has hecho y que has construido, pero no quieres quedarte dormido y levantarte temprano, así que pones tu alarma, si eres de los de la antigüita, aún tienen un despertador en tu buro, o de lo contrario programas tu celular o un tablet lista para despertarte, así que te vas a dormir con toda la tranquilidad del mundo, esperando que mañana sea un día normal como cualquier otro.

Imagina el peor de los escenarios, es día lunes y es momento de salir de casa, los niños están casi listos para ir a la escuela, tu esposa termina de poner el lonche en sus mochilas, y tú solo terminas de lavarte los dientes y revisas que el nudo de tu corbata está perfecto, ya tienes todo listo para ir a dejar a los niños y después ir al trabajo, pero afuera solo aguarda un día imperfecto, listo para hacerte el peor día de tu vida, ya estás listo arriba el auto y los niños están en sus lugares, giras el switch para encender tu auto, pero este está totalmente muerto, no da marcha, no encienden ni las luces del tablero, la batería está totalmente descargada, pero eso no es un problema aún está el auto de tu mujer, aun tienes tiempo para llegar temprano a tus destinos, te cambias de auto y sales lo más rápido posible, tu esposa te ve cuando estas saliendo y te sonríe.

Conduces por una de las avenidas más concurridas de la ciudad, hay tráfico, pero afortunadamente todos van avanzando, de pronto el auto empieza a hacer unos ruidos extraños y el motor da pequeños saltos, se jalonea y empieza a perder la velocidad, te haces a la orilla para ver qué es lo que pasa, pero no lo has logrado, te has quedado parado justo en el carril de en medio, en ese momento lo que te preocupa son tus hijos.

Tratas de dar marcha una y otra vez, pero no logras encender el auto por ningún motivo, tus conocimientos de mecánica no logran saber qué es lo que está pasando, así que solo se te ocurre hablarle a tu esposa para que pueda brindarte ayuda de algún tipo, pero no tienes señal en tu celular, las llamadas no salen y sientes que el mundo se derrumba a pedazos, estas solo en esto, después de unos cuantos minutos solo has logrado que muchos automovilistas también tengan un mal día, has logrado hacer cientos de metros o incluso kilómetros de tráfico a personas que no tienen nada que ver en tu día de desgracia.

De pronto un auto se detienen justo de tras de ti, algo de ayuda te ha llegado del cielo, los conductores de los autos que pasan a tu lado, han cambiado su rostro ahora ya son felicites, tú ya no estás en el camino estorbando, ahora estas en el lateral donde la afluencia de autos en mucho menor, pero esto solo es un paso más que has podido librar, tu celular aun no tienen señal, pero otra señal del cielo te ha llegado, a unos cuantos pasos, hay un teléfono público, solo suplicas que esté funcincione, también ruegas que sea de monedas, porque si es de tarjeta estas igualmente perdido, después de un par de intentos de hacer la llamada al fin has podido localizar a tu esposa, los niños aún están en el auto, pero a estas alturas ya han perdido el día de escuela.

Tu esposa llega en un taxi, parece que se ha tardado la eternidad para llegar, pero al fin lo ha hecho, ahora ella regresara a casa con los niños, tu esposa te presta su celular para poder hacer una llamada, quieres hablar a tu seguro para que te mande una grúa y poder llevar el auto al taller, pero oh dios, llevas casi media hora intentando que alguien te conteste y nadie lo hace, que crees es su hora de almorzar o tal vez simplemente no quieren contestar, pero ¿y si aún no han podido llegar a su trabajo por causas de fuerza mayor? o ¿es que tienen mucho trabajo y es por eso que nadie te contesta? tu esposa ya se ha retirado con los niños y tú te has quitado el saco y la corbata, pero sigues intentando que alguien te conteste de la aseguradora.

Por fin alguien se ha empeñado en levantar la bocina y responder a tu llamado.

-buenos días, seguros ADD ¿en qué puedo ayudarlo?- Te contesta una chica que se percibe ser muy joven, tal vez 19 o incluso 21 años, pero no más.

-buenos días o mejor dicho buenas tardes, tengo un problema con mi auto y quiero que me manden una grúa- Le dices a la chica mientras el sol empieza a calentar fuertemente

-ok, claro que sí, le voy a tomar sus datos, me puede dar su número de póliza-

-si claro- le das como 3 números diferentes que trae la póliza, pero al fin una de ellas ha sido el número de tu póliza.

-señor lamento decirle que no puedo ayudarle ya que su póliza ya venció hace más de tres meses, le sugiero que renueve su póliza para poder tener los servicios de su aseguradora-

-pero señorita, me puede ayudar en mándame la grúa- pero ya es demasiado tarde, ha colgado.

El día aun es más largo, ahora si piensas que nada puede ser peor, consigues el teléfono de unas empresas de grúas en la internet con ayuda de tu teléfono, pero el mismo martirio de que nadie te contesta se vuelve a ser presente, intentas e intentas de una y de otra forma pero no pasa nada, también has bajado una app de servicios, has mandado una solicitud de servicio, pero no pasada nada, también has mandado un par de correos para ver si alguien se apiada de tu alma en pena, estas por darte por vencido y al fin alguien te ha contestado tu llamado, una empresa que está justo del otro lado de la ciudad, y sí, están dispuestos a brindarte el servicio a pesar de la distancia, pero te comenta la grúa puede tardar un poco por estar lejos del sitios, a estas alturas esto ya no te importa, solo quieres que alguien te apoye con todo esto, así que aceptas el servicio aunque sea un poco tardado.

El sol está a todo lo que da, tu esperas dentro del auto, esperas a que llegue la grúa, has hablado un par de veces a la empresa y solo te han dicho que ya va en camino, pero claro que estás enojado, llevas esperando un par de horas bajo el sol y tu camisa está totalmente empapada de sudor, pero tratas de tranquilizarte, ahora solo piensas que todo va a salir bien, estas casi dormido dentro del auto, cuando la grúa ha llegado a tu rescate, el conductor te explica lo que tienen que hacer, mientras tu aguardas, él coloca la grúa en posición, gancha una cadena debajo del auto y empieza a tirar de él, un fuerte ruido se escucha, no le das mucha importancia, al fin el auto está arriba de la grúa –¿A dónde quiera que lo lleve?- te pregunta desde abajo de la grúa –a la agencia de autos más cercana- le dices mientras das un gran suspiro de alivio.

Aun estas en el auto, pero este está en la grúa, ya han llegado a la agencia de la marca de tu auto, no fue donde adquiriste tu auto, pero está bien, aquí también te pueden ayudar, el conductor de la grúa trata de acomodarse para bajar el auto, pero una persona, que aún no sabes quién es, sale de una oficina con cara de enojado, y sí que está enojado, solo pega unos cuantos gritos a las personas que están en recepción y una de ella le da instrucciones al conductor, -que aquí no podemos dejar el auto, que están llenos- te dice el conductor de la grúa.

No puede ser, te bajas del auto, para saber cuál es el problema, eres un cliente más y solo deseas que te brinden el servicio y reparar tu auto, el asesor de servicio te dice que no lo puedes dejar, que no hay lugar para atenderte, pero no puedes creerlo, te pones furiosos y pides que te pasen con el gerente para que te dé una explicación, de mala gana y con un poco de miedo te dicen quién es el gerente del área y para tu mala sorpresa, es la misma persona que salió con mala cara gritando a todos que no bajarán el auto, esto solo significa que estás perdido, no sabes bien que hacer, pero sabes que en el lugar debe haber alguien que te pueda ayudar, que se apiade de ti, caminas por los pasillos y tratas de buscar la oficina del director o del gerente general, solo esperas que el también este de buen humor.

Preguntas a las personas que te encuentras cual es la oficina del gerente general, mientras tu auto aún está arriba de la grúa, por fin alguien se ha armado de valor y te ha dicho, pero tienes que pasar por un laberinto de escritorios y oficinas para poder llegar a la oficina del gerente, pareciera que no desea que nadie lo perturbe o lo moleste, esto suele pasar, su secretaria o asistente te recibe y te hace esperar un poco en un pequeño sofá, solo esperas que cuando salgas, tu auto aun siga en la grúa y no esté a media calle tirado, por fin el gerente te hace pasar, le explicas que es lo que acabas de pasar, le dices que es lo que te han dicho y le das unas cuantas señas de cómo ha ido tu día, no dice mucho, solo levanta un teléfono y hace un llamada, -reciban el auto del señor- eso es todo, le das las gracias y se despide de ti, como si lo único que deseara es que salgas de inmediato de su oficina.

Cuando llegas al área del taller, ves que están terminando de bajar tu auto, respiras profundamente de alivio, el conductor de la grúa te dice cuál es el precio del servicio, pero no lo puedes creer, ni que la grúa fuera un súper deportivo italiano, pero no quieres tener más problemas y solo le pagas la cantidad que te ha dicho, un asesor de servicio, empieza a tomar tus datos, te pide que le expliques que es lo que ha pasado con el auto, levanta todos tus datos y te da una hoja, al fin el día está terminando ya es tarde, más de la hora de la comida, pero tienes que hacer algunas cosas más, al fin que ya perdiste el día en esto.

Ahora tomas un taxi y quieres ir a un lugar donde vendan baterías, es para tu otro auto que dejo de funcionar por la mañana, en el camino el taxista se porta muy descortés, tú no tienes ni idea de donde haya un lugar y le preguntas al taxista, pero este se molesta y te ha traído dando vueltas por la ciudad, disque buscando un lugar donde vendan baterías, es seguro que sabe dónde venden, pero por enojo quiere dar vueltas para que el taxímetro marque más y tu tortura sea aún más dolorosa, el taxi huele feo, el asiento se le sienten los alambres, la música es nefasta y ruido de toda la suspensión se escucha en tu cabeza a pesar de que el camino este en buenas condiciones, pero después de la tortura has llegado al lugar.

Solo hay dos personas en el mostrador, una persona se acerca y te ofrece su ayuda, le dices que requieres una batería para tu auto y te dice que cual código es el que requieres, pero tú no tienes ni idea de lo que está hablando, así que se molesta por no proporcionarle la información, pero de mala gana toma un catálogo que se ve muy usado y te pide que le digas, la marca, el modelo y el año de tu auto, mismo que haces con mucho gusto, después de un segundo él saca la información del catálogo y desaparearse entre los estantes, un momento después regresa con una batería y te pregunta que si es esa, claro que ya no quieres hacer más enojos así que solo asientes con la cabeza que sí, pero ya todo está terminando ya estás de vuelta en casa, y el sol ya se ha metido casi por completo.

Deseas descansar un poco, pero mañana es otro día, uno de tus autos está en el taller y el otro no enciende, lo que te dio tus conocimientos de mecánica te dijeron que la batería ya no servía, así que solo tienes que cambiar la dichosa batería, tu esposa te ayuda un poco, tal vez solo dándote ánimos tratando de hacerte el día más feliz, pero tal vez suficiente para ti, pero por dentro estás cansado y frustrado, cuando abres el cofre te das cuenta que la batería no es la misma, es diferente, te enojas tanto que tu cabeza casi explota, pero tratas de guardar la calma, como puedes la conectas para hacer funcionar tu auto y después de unos minutos lo logras, le pides a tu esposa que le dé marcha, por fin enciende el auto.

Que día, eso es lo único que te preguntas, cuando estas en la cama a punto de dormirte, pero sabes que aún no acaba, que hay cosas que tienen que hacer en los próximos días, tienen que ir a donde compraste la batería para que te la cambien por la correcta, también tienen pensado ir a la agencia de autos para ver qué es lo que tenía tu auto, aun no entiendes que es lo que hiciste mal para que todo esto te pasara en un solo día, no sabes si es mala suerte, un conjuro, una maldición o vudoo africano, pero lo que si sabes es que fuere lo que fuere, todo resultó mal y complicado.

Capítulo II: Producto o Servicio.

Cuando vas a un restaurante a comer, cuando vas a una tienda a comprar algún producto, llámese como se llame, cuando adquieres algún bien o algún servicio de cualquier tipo, que es lo que prefieres adquirir ¿un buen producto o un buen servicio postventa?

Pero antes pensemos un poco, te has puesto a ver todos los productos que te rodean, fíjate en tu ropa, revisa las etiquetas, te encontraras que la ropa que traes dice que está fabricada en Vietnam, China, India, Indonesia o algún otro país que por lo regular estos países están del otro lado del globo terráqueo, ahora revisa tu computadora, tu teléfono celular, televisión o algún otro aparato electrónico, te sorprenderás que la mayoría dice que están hechos en China o dice que está hecho en China con insumos de algún otro lugar, ¿no crees que esto pierde credibilidad de lo que estas comprando? ¿Cuánto pagaste por ellos? Mucho verdad y ¿sabes en realidad cuánto costó fabricarlo? Te aseguro que solo un 10% o máximo un 15% del valor al cual lo compraste tú y esto solo significa que has comprado una marca, no un producto ni un servicio.

Todo es gracias a que hemos aceptado vivir en un mundo globalizado, mismo que hace que se pierda la identidad de los productos que nos rodean, ahora difícilmente podemos ver una etiqueta que diga hecho en México o en algún otro lugar diferente a los ya mencionados, pero tú no tienes la culpa, solo es que no podemos competir con la mano de obra barata de estos países, ahora hay algo que nos llama la atención, y pondré un ejemplo, piensa que todo lo que te rodea son marcas que nacieron en tu propio país, que por mucho tiempo estabas orgulloso de adquirirlo y lo comprabas con mucho gusto, el precio no te importaba mucho, ya que no había mucho de donde escoger, no había tanta competencia, pero ahora ya no hay tantas marcas de tu propio país, muchas han desaparecido y las fabricas han quebrado, pero estoy seguro que puedes encontrar una, solo es poner mucha atención y aun que sea chistoso, te encontraras que dice, hecho en China, diseñado en X lugar, esto ¿será para ganar un poco de credibilidad?

Pero ahora pongámonos en los zapatos de las marcas, de los dueños, la globalización representa vivir o morir, así que hacen todo para poder subsistir y mantenerse en la competencia, cierran sus fábricas y consiguen una empresa que le produzca sus productos, a muy bajo costo y con rendimientos más altos de los que lograban cuando ellos los fabricaban, ahora ya no son un fabricante, se convierten solo en comercializadoras de productos asiáticos con un nombre conocido, con una marca impresa, con un logo que le da valor, gracias a una buena campaña de marketing.

Pero ¿ahora qué podemos hacer? No hay mucho que hacer, cada vez creamos mejores escuelas, mejores carreras, mejores ingenieros, mejores licenciados, mejores ciudadanos, mejor mano de obra, mismos que están destinados a trabajar vendiendo productos asiáticos, a hacer que representen una marca, que si lo único que hay son comercializadoras, ¿Por qué mejor no creamos escuelas con carreras de ventas productos asiáticos? Eso es aún mejor, para que queremos ingenieros taxistas o licenciados albañiles y hacerlos sentir una basura por no haber logrado un objetivo de vida, pensaran que solo fue un desperdicio de tiempo, para que dedicarse a estudiar mucho tiempo, dos o incluso más idiomas, si no pueden tener un buen empleo, pero no les han dicho que haya afuera no hay buenos empleos.

Ahora veamos el tema desde otro punto de vista, mejor dicho abramos los ojos, hay dos cosas que tenemos que tener en cuenta hoy en día, supongamos lo siguiente, acaban de pasar las navidades y año nuevo, y como buen humano, el primer propósito de año nuevo es bajar de peso, así que estás dispuesto a bajar de peso a como dé lugar y piensas gastar lo que sea necesario en una mensualidad de gimnasio o en un equipo de ejercicio, ya sea una caminadora, una elíptica, una bicicleta o alguna cosa rara que se usa para hacer algún tipo de ejercicio, vas a un centro comercial y revisas todos los equipos que ahí tienen, puedes ver fácilmente más de una marca en este lugar, pero no te llena el ojo, así que buscas otro lugar donde poder ver más.

Ya has pasado dos o tres centros comerciales y más de una tienda especializada en deportes, pero vez que todos los productos son muy similares, sus precios son muy similares y todos te ofrecen algún plan muy bueno, meses sin intereses, grandes descuentos con pago de contado, puntos en tu tarjeta de cliente frecuente, algún obsequio adicional, pero fuera de esto, tenemos que tener en cuenta algo más, la marca, puedes ver que hay marcas de Europa, marcas brasileñas, mexicanas, americanas o de algún otro país de este mundo, pero todas ellas tienen algo en común, están fabricadas en Asia, bueno ahora que sigue, que más tenemos de información para convencernos de comprar una u otra marca.

Como ya no tengo muchos elementos de convencimiento, recurro a lo estético, así que nos vamos por el color, el diseño, las etiquetas bonitas, el tamaño o alguna otra cosa más, y por fin logramos comprar un equipo para hacer ejercicio y cumplir nuestra meta de bajar de peso, pero es casi verdadero que después de haber perdido todo el día buscando el dichoso aparato de ejercicio de tal o cual marca, en verdad le has comprado un equipo al mismo proveedor, a que me refiero, que es probable que todos los aparatos que has visto hoy provienen del mis proveedor, solo que están disfrazados con diferentes etiquetas, con diferentes nombre y con diferentes marcas, pero están hechos por las mismas manos, con los mismos insumos y con la misma calidad, que mala jugada ¿no lo crees?

Entonces qué es lo que debimos tomar en cuenta al adquirir el producto, y esto debería de haber sido, el servicio postventa que nos puede ofrecer cada marca, eso es lo que en verdad debimos de haber pensado antes de comprar el producto, pero ahora ya tenemos uno y solo roguemos a dios de no falle nunca, de lo contrario sabremos si estamos metidos en problemas o si hemos hecho una buena inversión.

Y es aquí donde radica el verdadero valor de las cosas hoy en día, en el servicio postventa, en el servicio al cliente, el fabricante es el mismo, los insumos son los mismos, pero las personas que están dispuestas a atendernos son las que marcaran la diferencia y pueden hacer que todo sea algo grato o una verdadera pesadilla, todo depende de que tanto está dispuesta una marca en gastar en su servicio al cliente, en su servicio postventa, eso es lo que puede hacer, que hoy en día, una marca viva o muera, permanezca en el mercado o termine por ser una más en el cementerio de las empresas fracaso.

Hoy en día, podemos decir que todos los productos que están en el mercado, ya sea que sean de fabricación extranjera, nacional, de diseñador o cualquier otra característica, poseen muchas similitudes, calidad similar, prestaciones similares, por lo cual ahora es más difícil poder elegir entre un producto y otro, pero tal vez y solo tal vez lo único que puede hacer que un producto sea diferente sea él servicio postventa, el servicio técnico, el servicio al cliente o como lo llame cada empresa.

Se han preguntado ¿cuál es uno de los servicios que se han ofrecido en este planeta que data de épocas muy remotas y que aún es uno de los servicios más demandados en todo el planeta? este servicio que se ha ofrecido atreves de los tiempos desde los sumerios, los egipcios, el renacimiento y la era moderna, esta descrito y es nombrado en el código de Hammurabi y es un libro con casi dos mil años de antigüedad como lo es la biblia, claro estoy hablando del sexoservicio.

¿Qué misterios esconde esta profesión tan antigua? ¿Por qué es tan demandada? ¿Qué pasa para que durante la entrega y recepción del bien, para que se vuelva a recurrir una y otra vez a este servicio que aún se ve en las sombras? Esto es algo de lo cual seguiremos hablando durante los próximos capítulos, debes de estar dispuesto a excitarte con el hecho de poder encontrar una respuesta a lo que el mundo de hoy nos presenta como la nueva era de la globalización y saber por qué el área de servicio al cliente debe ser el área más desarrollada de una empresa hoy por hoy.

Capítulo III: La Necesidad.

Todo negocio, todo producto, todo lo que intercambiamos, compramos o vendemos, nace por la necesidad de algo, nace por la necesidad que cubrir eso que nos hace felices, de eso que hace sentirnos bien, que nos viste, que nos alimenta, que nos mueve, que nos comunica, que nos hace ser diferentes, que nos mantiene vivos, que nos da alegrías, que nos causa lágrimas, porque desde antes que nazcamos hasta después de muertos, necesitamos de algo, tenemos una necesidad que cubrir.

Hoy me levante muy cansado, no pude dormir bien, lo bueno es que es viernes, con mucha flojera me levanto de la cama, siento que los pies me pesan toneladas, no quiero encender la luz para no despertar a mi esposa, los niños aún están en la cama, pero pronto será hora de que se levanten para que se arreglen para su escuela, el cuello me duele y la espalda me está matando, hago algunas flexiones para tratar de que los músculos respondan, para sacudirme la pereza, me dirijo al cuarto de servicio, tengo el deseo de hacerlo, pero mi cuerpo me dice que no es capaz de hacerlo, pongo un pie en la caminadora y es como si un hechizo me callera, respiro profundamente y me armo de valor, pongo en marcha la caminadora mi objetivo es hacer mínimo media hora.

Apenas llevo 10 minutos y un poco más de un kilómetro recorrido y ya siento que no puedo más, a lo lejos escucho que mi esposa se ha levantado, escucho ruidos en el baño, me pongo las pilas y en vez de terminar con el ejercicio le subo un poco más la velocidad a mi ejercicio, voy a un paso de trote, nada del otro mundo, el sudor sale por mis poros y en poco tiempo las gotas de agua salada escurren por todo mi cuerpo, poco a poco me siento más despierto y aunque suene extraño me siento con más energía, ya no pienso en detenerme, solo pienso en seguir y lograr mi objetivo.

Me seco el sudor con una toalla, he logrado hacer casi 5 kilómetros, en media hora, pero es suficiente por el día de hoy, los niños ya están despiertos, están empezándose a cambiarse con el uniforme de la escuela, saben perfectamente que hoy es viernes y sus caras se notan con flojera, pero los animo diciéndoles que hoy es el último día de la semana, que después de la escuela son libres para hacer lo que ellos quieran hacer, rápidamente me baño y me visto para ir al trabajo, mi esposa también se alista para salir, tiene que ir a recoger el auto a la agencia, después de casi dos semanas apenas nos lo van a entregar.

Los niños están sentados en el comedor tomando cereal, las mochilas ya están listas con lonche y con todos los útiles que les piden en la escuela, afuera hace un poco de frio, está por empezar los días fríos y en las noticias han dicho que es el primer frente frio que se aproxima al país, a esta región, hace un poco de viento pero nada de cuidado, rápidamente ha llegado la hora de salir, no quiero que los niños lleguen tarde o que a mí se me haga tarde para llegar a mi trabajo, los niños ya esperan en el auto, ya están listos para el último día de la semana, mi esposa se acerca para despedirse son un beso, me desea un buen día.

La oficina es algo fría, rápidamente los dedos de los pies se me han congelado, empiezo a temblar un poco, los zapatos no me cubren el frio como debería, ahora me lamento de no haberme puesto unos calcetines más calientes, pero ya es demasiado tarde, ahora solo queda aguantarme el frio, le pido a mi secretaria que me traiga un rico café espero que así se me pase el frio, pero apenas y si me voy sentando cuando suena el teléfono.

-Buenos días- contesto rápidamente.

-buenos días, ¿con quién tengo el gusto?- me dicen rápidamente desde el otro lado del auricular.

-Con Pedro Serrano, en que puedo ayudarle-

-fíjese que tengo una duda con el producto que compre y quiero que alguien me explique un poco-

-Perdón pero esto es el área de finanzas aquí no puedo atenderlo, llame al teléfono 01 800 que aparece en su producto-

-Pero aquí nadie me contesta-

-Usted siga intentando, probablemente están ocupadas las líneas-

Me choca que me moleste de esta manera, que no ven que tengo cosas más importantes que hacer que estar recibiendo este tipo de llamadas que solo me hacen perder el tiempo, he de recibir mínimo de tres a cuatro llamadas de este tipo al día que no me corresponden, como si yo ganara más por contestar el teléfono, claro que me enojo, claro que me da un poco de rabia porque esto no me corresponde a mí, pero al fin Mari ha llegado con el café que estaba esperando para quitarme el frio.

El día se me ha pasado muy rápido, ya casi es hora de salir, cuando el trabajo es mucho el tiempo se pasa como agua, me siento cansado que solo quiero llegar a casa y recostarme en mi cama a dormir, pero también es algo extraño que mi esposa no me ha llamado para ver si vamos a ir a algún lugar, por lo regular todos los viernes vamos con los niños algún lado a que pasen el tiempo, así que tomo mi teléfono y le marco para saber qué es lo que está pasando, ha sonado ya varias veces y aun no me contesta, me pregunto si está bien.

-Bueno- por fin me contesta.

-oye, ¿vamos a ir a algún lugar? o ¿tienes ya algo pensado?- le pregunto para saber más.

-traje a los niños con mis papas, aquí están mis hermanas con sus hijos y están jugando, pero ¿tú tienes algo en mente?-

-la verdad no, solo te llamaba para preguntarte y saber si me iba a la casa-

-pues si quieres venir con mis papas aquí voy a estar-

-la verdad no tengo muchas ganas de ir, me siento muy cansado y solo quiero descansar, mejor me voy a la casa-

-ok, está bien, es muy probable que llegue tarde, vamos a hacer algo de cenar en la casa-

- está bien, nos vemos más tarde-

-ok, adiós-

-adiós-

De pronto me doy cuenta que tengo parte de la noche solo para mí, para hacer lo que yo quiera hacer, puedo ir a la casa y tomarme unas copas para relajarme, puedo hablarle a mi compadre y ver si lo dejan ir a tomar una copa y comer algo de botana en un bar o simplemente puedo ir a dormir a casa y deshacerme de este cansancio que me está matando, pero que más hay, que cosas existen para quitare de encima el estrés ¿Qué más puedo hacer? Me gustaría un rico masaje en la espalda un rico baño con agua caliente, pero también se me antoja una copa de vino, ahora mi

mente solo está ocupada pensando en que hacer estas horas que estaré libre, sin niños y sin esposa, solo tiempo para mí.

El mundo hoy en día es capaz de ofrecernos un sinfín de cosas que se pueden hacer, y algunas de ellas se ofrecen de la mejor manera, creo que todas mis necesidades que se me presentan en este momento me llevan a la única cosa que se me ocurre en este momento y que mi cuerpo me llama para realizar, es lo único que puede saciar todas mis necesidades que hoy y en este momento se ha creado en mi ser, necesito y estoy urgido de sexo, si del sexoservicio.

2.1 La Necesidad del cliente.

Como ya lo he dicho antes, todo lo que nos rodea ha sido creado por nosotros mismos para cubrir una necesidad, necesidades que nosotros mismos nos hemos puesto en nuestras mentes con el paso del tiempo, apoyadas por el consumismo, pero tenemos que tener en cuenta que muchos de los insumos de hoy en día se vuelven casi innecesarios, porque la invasión del marketing en todos los medios, habidos y por haber, hacen que se generen en nosotros falsas necesidades con productos y/o servicios innecesarios, muy bien diseñados para generar una venta y que tarde o temprano lo adquirimos, pero cuando en realidad abrimos los ojos y vemos que hemos cometido un error nos damos cuenta que es demasiado tarde.

Pero ahora enfoquémonos en el servicio al cliente, para algunas empresas, sea cual sea el producto, área en la que se desenvuelven o giro, pueden llegar a pensar que tener un área de servicio al cliente es una carga innecesaria para la empresa, que no representa un valor agregado para la compañía y simplemente no forma parte de la cadena de valor dentro de la compañía, por tal motivo suelen delegar esta área a otras personas que no tienen nada que ver con la empresa, que no están familiarizados y mucho menos comprometidos con la misma.

Por el contrario hay empresas que ven el área de servicio al cliente una verdadera necesidad, forma parte muy fuerte en su cadena de valor y le invierten mucho dinero en tener personal con las capacidades, conocimientos y comprometidos con lo que representan, que es una marca, un producto, todas la empresas deberían tener un área enfocada única y específicamente en atender a sus clientes, sean internos o externos, sea que sus clientes sean otras empresas o sea un consumidor final, ya que en todo momento se puede estar generando una necesidad por parte de un cliente en cualquier momento y en cualquier lugar.

Es la forma en la que actúan las empresas ante una necesidad de sus clientes la que puede llevar al éxito o al fracaso de la compañía, recordemos que la necesidad puede venir de donde sea, puede ser que alguien nos está contactando desde el otro lado del mundo o de nuestra misma ciudad, que puede ser un particular o una compañía, debemos de estar preparados para poder solventar y cubrir la necesidad que se ha generado por parte del cliente.

Recordemos que tarde o temprano nosotros también estaremos del otro lado del mostrador, que dejaremos de ser una persona común y pasaremos a ser clientes, que en cualquier momento habrá una necesidad que cubrir y que es 100% que necesitaremos que alguien más para cubrirla, por ejemplo, si el día de hoy tengo antojo de ir a comprar una fruta picada en la calle, podremos decir que es muy fácil, tomo mi auto y voy a ese lugar a comprar mi fruta, pero para que yo pueda tener mi fruta deben de pasar muchas cosas, desde alguien que está sembrando la fruta, alguien que la está cosechando, alguien que la está distribuyendo, alguien que la vende y eso solo si hablamos de la fruta, pensemos también en todo lo que lleva adicional en la fruta, que tal el vaso, la cuchara plástica, el chile en polvo o la pisca de sal.

Ahora pongamos otro ejemplo, supongamos que tengo que ir a pagar un servicio, ya sea de luz, de teléfono, de cable o algún otro servicio de los que hemos contratado, mi necesidad es poder ir a pagar para que no me corten el servicio, que te parece si hoy es día sábado por la tarde y vemos que la fecha de pago se ha vencido el día anterior, también sé que a estas horas y este día no hay oficinas abiertas para poder ir a realizar el pago, entonces recurro a las máquinas automáticas, que fácil no, solo voy a ese lugar donde se encuentra la máquina, introduzco mi clave de cliente y pongo el dinero en la máquina, y asunto resuelto, no he requerido del servicio de una persona para poder cubrir mi necesidad, pero que pasaría si cuando llego al lugar veo que la maquina dice que esta fuera de servicio, y que ninguna máquina de la ciudad está en funcionamiento, entonces es aquí donde alguien dejo de hacer su trabajo para que yo pudiera cubrir mi necesidad y lo primero que hacemos es enojarnos y tal vez nos pase por la mente cambiarnos a otra compañía, ya que esta nos presta un muy mal servicio.

Claro que es absurdo pensar esto, pero a la vez es real y es normal que lo hagamos de esta forma, sabemos que ahora esto me va a costar aún más dinero, que es probable que el próximo día hábil me corten el servicio que debí haber pagado y que tendré que ir a las oficinas a hacer enojos y reclamarles que no me cobren recargos, por el hecho de que todo el fin de semana estuvieron descompuestas las maquinas, pero algo que me preguntare es saber quién fue quien cometió el error, ¿la empresa o yo? ¿el fabricante de la máquinas automáticas o el personal que le da servicio a las maquinas? Lo único cierto es que alguien dejo de hacer su trabajo y yo, y muy probablemente más personas hemos pagado las consecuencias.

Mira a tu alrededor y revisa todos los productos que tienes a tu alcance, ahora has un poco de introspección, de todo lo que te rodea revisa cuantas cosas las usas a diario y cuales nunca las has usado y solo ocupan un lugar y están llenas de polvo, ¿Qué curioso no crees?, ahora te das cuenta que son más las cosas que no usas que las cosas que usas a diario, ahora pregúntate ¿por qué compraste esos productos que no usas? Ahora has lo mismo en la empresa donde trabajas, revisa las áreas de toda la empresa ¿qué áreas son las que todos los días generan ingresos a la empresa?, veras que el área de servicio está incluida, todos los días atienden a los clientes con sus necesidades, entonces esta área claro que pertenece a la cadena de valor de la empresa y mucho más si es una empresa que no produce su propio bien.

Ahora tenemos que ver más adentro de esta área, no es una simple área de servicio al cliente, son personas que día con día atienden correos electrónicos, llamadas telefónicas, mensajes en redes sociales o entrevistas personales, que están dispuestas a realizar su trabajo de la mejor manera, dispuestos a no provocar enojo en las personas y hacerles la vida más grata, están para cubrir una necesidad y solo eso.

2.2 La empresa cubriendo la necesidad del cliente.

Toda empresa, sea grande o pequeña, macro o micro debe de tener una forma de atender a sus clientes, para cubrir no solo sus necesidades de producto, puede ser también una necesidad de información o asesoramiento, puede ser que la empresa contrate a una o más personas para formar parte de esta área o que la subcontrate para que otra empresa atienda a sus clientes, pero algo que si es claro es que de una u otro forma debe de existir dentro de la empresa.

No se debe de pensar que esta área es solo un gasto innecesario, ya que si se piensa de esta forma pronto alguien más nos comerá el mercado y atraerá a nuestro clientes y terminaremos cerrando la empresa, ya olvidemos un poco de la calidad, hay productos que se realizan del otro lado del mundo que tienen las misma calidad de la que nosotros podemos ofrecer, o si es que nuestra empresa produce en otro lugar, con mayor razón nuestra área de servicio al cliente debe ser la que nos represente y de la cual nos sintamos orgullosos ya que es esta área la que nos va a hacer ganar un porcentaje considerable de clientes y nos ayudara a mantener a quien ya son clientes nuestros.

Recordemos que no solo se trata de contestar un teléfono o un correo electrónico se trata de dar una atención personalizada en donde la persona que contesta y da la cara con el cliente sea una persona capaz de resolver la necesidad del cliente, ya que en este momento, cuando un cliente nos contactó como empresa, es tiempo del cliente el que estamos consumiendo y es tiempo valioso para él, nosotros tenemos que tener todas la herramientas necesarias para hacerlo a la primera vez.

Por el producto que se maneja, hay necesidad de tener una plantilla de técnicos que puedan resolver en el sitio, cierto tipo de servicio, ellos también son parte de esta área, ellos también deben de contar con las herramientas necesarias, llámense manuales, técnicas o de conocimiento para que puedan llevar a cabo su trabajo, así que toda el área de servicio al cliente debe de estar preparada, contar con capacitación necesaria para lograr su objetivo, incrementar las ventas y mantener a los clientes.

Capitulo IV: En busca de la información.

Hoy en día es muy fácil encontrar información de cualquier tipo, ya no solo tenemos los medios antiguos, como la radio, la televisión y los medios impresos, a estos se le han sumado todas formas de medios electrónicos y un sinfín de dispositivos de todos tamaños y colores, que nos permiten conectarnos a la gran red universal casi desde cualquier punto del planeta, esto ha hecho que la vida de un giro y ahora tengamos más sedentarismo y obesidad, pasamos más horas en una computadora viendo cuanta cosas podemos toparnos que estudiando o en convivencia de la familia, pero también nos ha puesto en la palma de nuestras manos mucha información de calidad que antes no teníamos y solo en cuestión de segundos.

Aunque la cabeza me dé vueltas y mi mente me diga que no debo recurrir al sexoservicio, la necesidad humana me es mucho más fuerte, tengo miedo de lo que puede ocurrir, pero tengo el deseo de hacerlo, me levanto de mi silla y camino en el pequeño espacio que queda, camino de lado a lado pensando en lo que voy a hacer, cada segundo volteo a ver el reloj y cada segundo se hace eterno, aún faltan 10 minutos para la salida, tengo que actuar rápido para no perder ni un segundo, pero como le hago, a donde voy, no quiero que nadie me vea levantando a alguna chica, o entrando en una casa de citas, además no ubico muy bien los lugares.

Me siento en mi lugar frente a mi computadora, me tomo la cabeza tratando de sacarle una idea de cómo buscar, pero no se me ocurre nada, no puedo creer que esto sea más difícil de lo que me esperaba, pero no me he dado cuenta que estoy nervioso y eso es lo que no me deja poner mis ideas en claro, abro el buscador y empiezo a poner algunas palabras tratando de encontrar la información que estoy buscando, solo quiero saber dónde y cómo le puedo hacer para concertar una cita con alguna chica, pongo unas cuantas palabras que tienen que ver con todo esto, "sexo servicio", "escort", "masajes", "prostitutas", esto es una verdadera sorpresa hay muchas más páginas de internet de las que yo creía.

El buscador no se ha tardado absolutamente nada de tiempo para desplegarme la información, ahora ya tengo lo que buscaba, ahora tengo otro problema, no sé por dónde empezar a buscar, mejor dicho no sé qué página es la buena para decidirme, así que primero trato de filtrar un poco la información y descartar abro las páginas que por su nombre y su descripción, me parecen más elocuentes a lo que yo estoy buscando en este momento, también sé que no todo lo que está ahí en la internet es información de fiar, pero tengo que poner en riesgo algo para lograr lo que quiero, después de depurar un poco las paginas solo me han quedado tres de ellas.

En la primera página que he abierto hay un poco de todo, pero principalmente hay mexicanas en las listas a escoger, algunas muy voluptuosas, otras menos voluptuosas, de cara muy bonita, altas, bajitas, blancas o morenitas, prácticamente para todos los gustos y necesidades, abro el perfil de un par de ellas que me han llamado la atención y reviso la información que se presenta ahí, las medidas, las horas a las cuales prestan sus servicio, sus servicios especiales, los precios, el color de ojos, su nacionalidad, los idiomas que hablan, el color de su pelo, y sobre todo su teléfono en donde podemos comunicarnos con ella, pero hay algo que me llama la atención, una de ellas presenta información adicional, un video de ella, un sistema de comunicación por mensajes instantáneos y un correo electrónico.

Por un momento creo ya haberme decidido por una de ellas, pero solo para estar del todo seguro, reviso otra página de las que he elegido para ver qué es lo que en esta me ofrecen y vuelvo en caer en la duda, es una página diferente, se ve que está más cuidado el diseño, las mujeres o el producto es muy similar, todas son muy guapas y con medidas de infarto, pero hay más extranjeras que nacionales, me imagino que una de ellas me dice con ese acento peculiar "oye papi" creo que eso sería muy excitante, otra cosa que veo aquí es que los precios de los servicios son un poco más costosos, después de un rápido vistazo elijo un par de ellas y las comparo con las de la otra página, creo que es bueno tener de donde elegir.

Por ultimo reviso la última página que he separado de todo el montón, esta página es mucho más elaborada, tienen un video de introducción con varia de las chicas corriendo por la playa, todas ellas llevan bikinis y te dan la bienvenida a la página, ya dentro de la página veo que todas las chicas tienen algo en común, todas y cada una de ellas son europeas, todas ellas tienen fotos que claramente están hechas de forma profesional, son un poco menos voluptuosas, son más bien como modelos de pasarela, en las fotos en las que aparecen ninguna de ellas muestras sus partes íntimas, por lo regular visten traje de baño o están cubiertas con su propio pelo, con pétalos de rosas o algo de este tipo, son imágenes totalmente eróticas, solo hay algo que está muy fuera de todo, el precio de sus servicio son de dos a tres veces más costosos.

A estas alturas no es nada fácil poder elegir, podía pasar toda la noche tratando de elegir a una de las chicas pero tengo que ver la forma de poder elegir de la forma más rápida, primero tengo que ver cuál es mi presupuesto, con esto he podido descartar a una de ellas, trato de observar su físico y ver cuál de ellas es más atractivo para mí, pero no logro mucho con esto, ya que las chicas restantes en mi lista me parecen igual de atractivas, estoy seguro que debe de haber algo más que me puede dar armas para elegir de forma correcta, hace un instante cuando vi la primera página estaba decido por una de ellas pero después de ver más chicas mi incertidumbre creció más y ahora solo estoy confundido.

Reviso las imágenes una a una, hay una que se ve que está muy operada, creo que no es mi gusto así que la quito de la lista, ahora ya solo tengo que elegir a una de cuatro que me quedan, con un pequeño acercamiento a las imágenes de una chica se ven que están modificadas, que están retocadas, eso me trae muy mala espina y no quiero tener una mala experiencia, que cuando la vea en persona sea otra mujer totalmente diferente y sea yo al que sorprendan, así que una menos en la lista, pero el tiempo que hora ya le he invertido mucho tiempo en solo tomar una decisión, así que si me tardo más tiempo en la elección, ya no podré llevar mi acto.

Paso una y otra vez las imágenes de las chicas, las hago grandes para verlas mejor, vuelvo a leer sus características mostradas y trato de ver algo que no he podido ver para tomar la decisión, pero hay una cosa de la cual no me he percatado, en una de la paginas hay un pequeño apartado que dice "Foro de comentarios", rápidamente busco en las demás página para ver si hay algo así, pero de las tres que me quedan dos si tienen este apartado y una no lo tiene, de inmediato me pongo a revisar los comentarios que dicen, veo que hay comentarios de usuarios anteriores que dicen como se la pasaron con la chica, una de ellas sus comentarios están muy divididos, algunos se expresan muy bien de su servicio y otros no han estado de acuerdo con lo que han recibido.

Ahora ya tengo un perfil un poco mejor desarrollado de una de ellas, paso a la otra página, para revisar los comentarios que han dejado, no hay muchos comentarios acerca de ella solo hay tres comentarios, dos de ellos son buenos y el otro no es del todo bueno, también tengo que tomar en cuenta que esta chica es la que cobra más caro, todo es como echar una moneda al aire, la personas que ofrece sus servicios que tenía más comentarios, es la que más barato presta sus servicios, creo que de estas dos ya puedo elegir una, la que por probabilidad tienen menos comentarios negativos, ahora solo me falta saber un poco más sobre la otra chica de la cual no he encontrado nada de comentarios, pero ahora ya solo tengo que decidir entre dos y no entre seis.

De una de ellas se algo más de la otra no tengo nada, pero hay algo que las hace diferentes, una de ellas la puedo contactar por teléfono, por una app y por correo electrónico, de la chica de la cual se un poco más solo esta su teléfono, así que es más fácil poder contactar a la chica de la cual no se mucho, que de la que se mas, eso es cuestión de gustos y de servicio, le mando un mensaje a la chica llamada Priscilla, si me contesta rápido es decir que está atenta y disponible, mando el mensaje y espero para ver si tengo alguna respuesta, pero no puedo perder tiempo así que le marco a la otra chica, pero no contesta, no le interesa o está ocupada, intento un par de veces, pero Priscilla ya ha contestado mi mensaje.

4.1 Información de contacto en la mano del cliente.

Hoy en día no debe de existir escusa alguna para que una empresa instalada no pueda hacer que sus clientes se pongan en contacto con ella, ya no vivimos como antes, en las cuales solo con una carta enviada a la dirección de la empresa o por medio del teléfono que no todos los hogares podían tener disponible, que por el hecho de ser un teléfono de la empresa, no se sabía cómo contactar a la persona adecuada o al departamento adecuado.

Pero hoy por hoy si una empresa es muy difícil de ser contactada, es porque no quiere que la contacten, no desea que la molesten, no desea que sus clientes llamen, manden correos, se quejen, compren, pidan informes, asesorías o lo que el cliente desee hacer, pero es sorprendente por que el día de hoy con tanta información, con tantas cosas que tenemos en las manos para comunicarnos, viviendo en la era de la información móvil, no es posible que hoy en día sea casi imposible comunicarnos con alguna empresa de la cual somos clientes directos o indirectos, pero por alguna razón tenemos la necesidad de contactarlos.

Enumeremos las formas de contactar a las empresas, tomemos en cuenta lo que hoy en día tenemos a la mano y todas las posibilidades de nos ofrecen las nuevas tecnologías de la información.

1. Correo convencional: aunque no lo creamos, aun podemos mandar una carta por correo postal, aunque es una forma que ya paso de moda existe la posibilidad de llevarlo a cabo, pero para poderlo hacer tenemos que tener la dirección a la cual tenemos que enviar la carta, eso no debería ser un problema, ya que todos los productos que se comercializan deben de tener la dirección del fabricante, lo único que tenemos que saber, es a quien dirigir la carta ya

que de lo contrario esta puede llevar a manos de alguien que no nos puede dar una respuesta, mejor dicho a alguien que no se va a hacer responsable por no estar en sus funciones, que suele pasar muy a menudo.

2. Teléfono: hoy más que nunca existen más teléfonos y números de teléfonos en el mundo, ya no necesitamos ir a una cabina telefónica para poder hacer una llamada, ya no solo requiero estar en mi hogar para hacer una llamada, ahora solo necesito buscar en mi bolsillo para sacar mi teléfono móvil y hacer una llamada, ahora es más fácil que nunca comunicarnos con las personas, podemos hacerlo a cualquier hora y desde cualquier lugar, se supone que no deberíamos de tener algún problema para encontrar el teléfono de una empresa a la cual requiero contactar, ya que esta información también aparece impresa en el producto, tengo que tener en cuenta que muchas de las veces el teléfono es un teléfono de atención al cliente, que no

54

necesariamente es el teléfono de la empresa, puede ser que este servicio este subcontratado por la empresa misma.

3. Correo electrónico: ya han pasado varios años desde que los correos electrónicos se hicieron una forma de comunicación y hoy en día es de uso muy común entre las personas, un gran porcentaje de las personas que tenemos acceso a internet tenemos mínimo una cuenta de correo electrónico, aquí podemos mandar no solo palabras escritas, puedo mandar videos, documentos, imágenes, ligas de páginas y muchas más cosas, no tengo que tener la dirección física de la empresa, pero si tengo que tener la dirección de correo electrónico de le empresa o de la persona involucrada, de la persona correcta dentro de la empresa que me puede ayudar, es aquí donde todo se vuelve un poco más complicado, ya que si tengo en mis manos un producto no todos traen impresa esta información, así que no siempre podré mandar un correo

electrónico para hacer una consulta, pedir información, comprar un producto o levantar una queja.

4. Redes sociales: es la tendencia desde hace ya tiempo, las redes sociales, nos permiten interactuar con las empresas, mejor dicho con las personas que trabajan en las empresas de las cuales hemos adquirido un producto o servicio, aquí podemos dejar un mensaje a la empresa, un mensaje de cualquier tipo, también me permite subir videos e imágenes, hacer referencia a alguien más y poner mi ubicación geográfica, puedo ver el historial de mensajes que otras personas han puesto y las respuestas que les han dado, es posible que alguien más ya haya preguntado lo mismo que a mí me interesa y puedo ver la respuesta que le han dado así me logro ahorrar tiempo, solo requiero tener una cuenta de esta red social y que la empresa me acepte en su red social, de lo contrario no podré ver la información suficiente y completa, debo de tener acceso a internet.

5. Mensajes instantáneos en App: más que común hoy en día, no es un mensaje de texto común y corriente, también podemos mandar imágenes y videos, tiene la peculiaridad de informarnos, no todas las aplicaciones, si la contraparte ya ha leído nuestro mensaje, esto nos da una mayor certeza de que ya ha llegado mi mensaje, es muy popular entre las personas, pero no lo es aún para las empresas, como medio de contacto con sus clientes, son muy pocas las que lo usan, no todos las aplicaciones se pueden usar desde una computadora, por lo regular solo se utilizan con sistemas móviles y se requiere forzosamente el número telefónico de la contraparte, así como que ambos deben de tener la misma app instalada.

6. Video conferencias: las video conferencias las podemos hacer desde una computadora y también desde un dispositivo móvil existen aplicaciones y programas que nos permiten hacer esto en tiempo real, conectarnos con alguien desde el otro lado del mundo, ver quien nos está

contactando, es una herramienta muy poderosa ya que es una forma de ponernos en contacto con los clientes o las empresas y que nos hace sentir un verdadero contacto personal ya que podemos ver sus rostro y sus expresiones, algo que nos da confianza o por lo contrario nos genera desconfianza, para poder realizar el contacto es necesario que ambas partes tenga la aplicación o el programa instalado en la computadora o en el dispositivo móvil así como saber el usuario o el teléfono de la otra persona para cerrar el círculo y hacer el contacto.

7. Entrevista: por ultimo tenemos esta forma de contacto, hoy en día puede ser la más extraña de todas, pero es más real que todas las demás, podemos dirigirnos a la dirección de la empresa para hacer el contacto con la o las personas que nos pueden ayudar con nuestra necesidad, en ocasiones puede que sea lo contrario, una persona de la empresa nos visita, hoy en día vivimos en un burbuja en la cual el

contacto humano en menor, pero la forma de contactarnos vía remota en mayor.

Como podemos ver existen muchas formas de realizar el contacto, el problema es saber si la empresa a la cual quiero contactar tiene una de estas formar de comunicación, no todas lo manejan, aunque deberían, ya que somos nosotros los que pagamos un producto para la subsistencia de la empresa, y somos nosotros, los clientes, los que les damos ganancias y pagamos sus sueldos, mínimos necesitamos que cuando tenemos una duda, una pregunta, sea fácil obtener la información que estamos buscado.

4.2 En verdad ¿quiero que el cliente sepa de mi o no?

Todo depende de cual sea la intención de la empresa, si es que en verdad la empresa está comprometida con sus clientes y le interesa escuchar lo que los clientes le tienen que decir, hoy en día no debería de constar ni el más mínimo trabajo el poder encontrar los datos para localizar a una empresa, es mas no solo se debería de ofrecer públicamente el número de teléfono y la dirección, si no también algún correo electrónico y no necesariamente el de todo el personal, pero mínimo uno donde alguien pueda en verdad brindar la atención a los clientes, el usuario para poder tener una video conferencia o el teléfono para mandar un mensaje instantáneo.

Pero recordemos algo que es muy cierto, que pasa cuando una empresa es muy difícil de contactar, eso solo trae a los clientes un poco de incertidumbre, como clientes, claro que se van a preguntar cosas como ¿Por qué no puedo localizar a tal a cual empresa? ¿Qué no les interesa el sentir de sus clientes? ¿Qué no saben que vivimos en la época de la información y comunicaciones? ¿Qué no saben que por nosotros los clientes deben su subsistencia? ¿Será que sus productos son muy malos y no quieren que nadie los moleste todos los días reclamándoles lo mismo? ¿Será que ya no existe? ¿Tal vez ya quebró por brindar un mal servicio?

En cambio sí es una empresa que en verdad le interesa estar en contacto con sus clientes esta hará todo lo necesario para que sus clientes no tengas que batallar demasiado en encontrar la forma de contactarlos, pondrá en sus productos más de un teléfono, si así lo amerita, un correo electrónico en el cual una o más personas están al tanto de este para responder de manera inmediata y tal vez pueden dar uso a una de las nuevas tecnologías para estar cada vez más cerca de sus clientes, recordemos que una parte de la mercadotecnia es que los clientes nos tengan, como marca o como empresa, dentro de su mente en cualquier momento y esto también es una forma de mercadotecnia.

Pero siempre hay algo que es 100% cierto, el ejemplo siempre viene de nuestros mayores y padres, en el caso de una empresa, el ejemplo debe de venir de los superiores, llámese como se llame y ocupe el puesto que ocupe, no porque es el director financiero, el contador general, el encargado de diseño, la gerente de recursos humanos, la de cuentas por cobrar, el gerente de operaciones, o incluso mismo el gerente general o director de la empresa, debe de estar es su deber el atender a un cliente si es que este así lo amerita o si por casualidad este llego a él.

Cuantas veces no sucede de que estamos en la oficina de un jefe y suena el teléfono, este contesta de una manera un poco absurda, nosotros tratamos de hacernos de la vista gorda como su esto no estuviera pasando, le dice a la persona que está al otro lado del teléfono frases como "dile que no estoy" "estoy en un ajunta que llame después" " dile que salí que llego más tarde" "dile que ya salí o que me fui temprano" esas frases son de lo más común, pero que no puede ser todo lo contrario, ¿qué razón existe para que no tome la llamada? ¿Porque no quiere contestar?, y lo mejor de todo es que al final, cuando ya ha colgado, dice freses como "como molestan" "que no ven que uno tienen muchas cosas que hacer" "que no les basta" "me está empezando a hartar" "como si yo tuviera su tiempo" y lo único que te queda a ti es el de asentir con la cabeza o tratar de seguir la corriente.

Todos los días un cliente desea contactar con el gerente o con el director de la empresa, por X o Y razón, y este todos los días, es capaz de rechazar más de una llamada diciéndole a su secretaria o asistente algunas de las frases anteriores, pero no nos interesa, tal vez el cliente lo único que desea es el de darle las gracias y decirle lo bien que están hechos sus productor o lo bien que lo han atendido, pero el termina con todo el trabajo que han hecho los demás, por el simple hecho de no dedicarle un minuto a un cliente en la línea.

Todo esto que hacemos, el de dejar de contestarle el teléfono a un cliente, el de no contestar un correo electrónico, solo trae por consecuencia perder a los clientes, que no estemos enteramos de la mejor mercadotecnia y la que no nos cuentas un solo centavo es la que lo clientes hacen cuando hablan bien de nosotros, además de que la más segura de atraer a los clientes, ya que es muy probable que si una persona habla bien de nosotros como empresa y de nuestros productos, la persona que está escuchando es seguro que lo adquirirá.

Capítulo V: Primer Contacto.

No dudo ni un momento en revisar lo que me ha contestado Priscilla, tengo algo de nervios, me gustaría saber que sí está disponible y que me puede atender en un momento más, de lo contrario aun me queda otra opción, abro la aplicación y veo su mensaje.

-hola Priscilla, me puede dar información de tus

servicios-

-hola bebe, claro que si amor que desear saber-

Creo que este arroz ya se coció, solo falta que todo me parezca correcto para animarme definitivamente a hacer uso de sus servicios tan necesarios para este mundo, me gusta cómo me dice, eso puede decir que si le interesa brindarme el servicio, eso hace que me da más ganas de escucharla y de verla.

-¿tendrás tiempo de atenderme como en media hora más?-

-claro que si bebe, si puedo atenderte, estoy disponible-

-¿cuál es monto de tus servicios?-

-$2000 una hora, $3200 dos horas-

Ya encontré el primer problema a esto, en la página de internet que revise me decía que las tarifas eran diferentes, pero la necesidad es cada segundo más fuerte, creo que para una buena relajación y un buen masaje, dos horas son más que suficientes, además de que siempre se puede presentar algo más, como una buena platica entre cada evento.

-ok, me interesaría dos horas-

-claro que sí, no hay problema-

-¿y que incluye el servicio?-

-besos, caricias, abrazos, las relaciones que tu desees en este tiempo, lencería, sexo con protección, oral natural dependiendo tu higiene.

-¿y si das masaje?-

-claro que sí, con aceites aromáticos-

Todo me parece cada vez más realista, ahora ya estoy seguro esto es lo que deseo y quiero, creo que fácilmente puede cubrir mi necesidad, además que tener algunos extras que no me los esperaba, eso lo hace aún más atractivo, creo que ahora le veo el benéfico del precio alto, si es que tengo aún más por el mismo precio.

-¿qué tipo de lencería tienes o tienes algo especial?-

-te puedo ofrecer lencería de encaje, minifaldas sexis, disfraz de enfermera, de diabla y de policía o solo chocolate y crema batida-

-de casualidad tienen algo que sea más formal-

-claro que si te puedo ofrecer un vestido de noche rojo con un escote tipo corazón-

-ok, ese me parece perfecto-

El tener varias opciones a escoger y no solo el que me pueda ofrecer una sola cosa, me hace sentir que di en el clavo, además ahora puedo disfrutar aún más por mi dinero, ahora solo pienso en salir de aquí corriendo para estar con Priscilla, no cabe duda que siempre podremos encontrar lo que buscamos, solo hay que saber cómo y dónde buscarlo.

-ok, ¿y donde me puedes ofrecer el servicio?-

-puede ser en motel, hotel y a domicilio-

-¿puede ser en cualquier motel?-

- de preferencia en el motel X o en el motel Y-

-ok, dalo por hecho, si deseo tus servicios en un

motel-

-ok bebe, primero requieres instalarte en un

motel, una vez que ya te hayas instalado me hablas y yo llego de

10 a 15 minutos máximo-

-está bien, pero puede venir vestida con el

vestido rojo y si tienes labial rojo intenso sería mejor.

-claro que si lo empiezo a preparar mientras tú te

instalas-

-muchas gracias, te marco en un momento más,

mientras llego al motel X, que es el que me queda más cercano-

Por fin, ya he logrado concertar la cita, me gusta mucho lo que me pueden ofrecer, solo espero que así sea, o mínimo sea lo más cercano a lo que me estoy imaginando, esto de hacer cosas que pocas veces las hacemos causa un poco de nerviosismo, ahora solo tengo que salir corriendo para no perder más tiempo.

5.1 El cliente en la empresa.

Cuántas veces no hemos llamado al teléfono de una empresa, llámese como se llame y solo suena y suena el teléfono, pero nadie nos contesta y si bien nos va primero tenemos que pasar por media hora de explicación de una contestadora pasando un menú tras otro menú, de una canción que nos parece nefasta, porque la hemos escuchado ya un sinfín de veces y al final de todo solo logramos escuchar un mensaje que más o menos dice así: "por el momento todos nuestros operadores están ocupados, espere en la línea o marque más tarde"

Nos hemos preguntado ¿en que están ocupados los dichosos operadores? será que están almorzando, comiendo, hablando con sus amigos por mensajes de texto, están ocupados ya que no se quieren perder la última novedad en redes sociales, hablando con su compañero de a lado, mientras este le platica que es lo que hizo el fin de semana o es verdad que está atendiendo a otro cliente y si fuera así, cabe la posibilidad de que solo sea una persona o máximo dos personas las que se encargan de atender a todos los cliente de esa misma empresa y estas dos personas no son capaces de darse abasto en atender a todos los clientes.

Pero que sucede cuando necesitas información respecto a un producto que has adquirido y te llevas la gran sorpresa que te contesta una persona con un acento muy diferente al tuyo o incluso en otro idioma, que muchas veces puede ser inglés, pero también te pueden contestar en chino, en portugués, español o lo que sea, esto te trae de inmediato un poco de desconcierto, ya que si bien te va puede ser que te conteste en español con un acento un tanto extraño o en ingles que no puedes entender absolutamente nada, quien sabe de qué lugar, país o ciudad te este contestano la persona que según te va a atender tu solicitud, solo esperas que todo resulte bien a pesar de todas las malas formas.

Pero también sucede otro cosa que es de lo más común en día a día, cuando la persona que te contesta se le nota con prisa, enojada o se escucha que algo está comiendo y logramos escuchar que está masticando, se escucha mucho ruido ambiente, muchos murmullos de más personas, eso también nos pone de mal humor a nosotros como clientes, pero también muy rara vez logramos que nos resuelvan o nos den la respuesta que estamos buscando a la primera vez, es posible que nos cambien de operador telefónico más de una vez y tengamos que explicar a todas las personas que nos atienden lo mismo una y otra vez, en verdad es muy molesto.

Hay más que decir el respecto, cuando tenemos que pedir una información muy específica de un producto, de su funcionamiento o de sus características, obtener la información es mucho más complicado, se nota que la persona que tenemos del otro lado no sabe nada al respecto o nos da cierta información pero lo hace dudando en todo lo que nos está diciendo, vamos a poner un ejemplo, el día de hoy he comprado un electrodoméstico, pero en el manual y en el mismo equipo aparece cierta información contradictoria, lo único que deseamos es saber cuál es la verdadera y llamamos al centro de atención a clientes de la empresa, nos contesta una chica muy agradable, le explico que en el manual de usuario dice que conecte mi equipo a 220V pero en el equipo dice que trabaja a 110V, es muy probable que la persona que me ha atendido no sabe ni de lo que estoy hablando, así que no obtengo una respuesta a mi consulta.

Pero la persona no tienen la culpa, ella fue contratada para contestar el teléfono y eso claro que lo hace bien, así que si bien nos va, nos proporcionara un correo o muy rara vez un teléfono distinto en donde debemos mandar un correo con nuestra consulta para que nos respondan y nos resuelvan la duda por la cual nos hemos puesto en contacto con la empresa, aquí nos daremos cuenta que es un correo corporativo, eso ya nos da un poco más de alivio, pero después de que hemos mandado nuestra consulta tenemos que esperar días incluso semanas, solo para que nos digan si el equipo funciona a 220V o 110V, para cuanto me han dado la respuesta es probable que ya haya quemado el equipo por hacerlo de forma incorrecta y ahora requiero hacer valida mi garantía, pero eso es harina de otro costal.

No todo los días hay alguien del otro lado de una computadora o de un teléfono y eso como clientes lo podemos entender, pero el que los trabajadores de una empresa no sepan cierta información básica de sus productos es el desastre total, ahora han pasado 5 días desde que mande mi correo y por fin alguien me ha contestado mi correo con la información que yo deseaba, pero esta persona ha cometido un pequeño error, me ha enviado toda la trama o historial del correo, ha pasado por más de una persona, la persona a quien se lo mandé originalmente, se lo ha enviado a una persona de diseño, está a una persona de operaciones, está a una persona de producción y por ultimo quien me ha contestado es una persona de mantenimiento, creo que por otra y me contesta la persona de intendencia.

5.2 La primera impresión es la que cuenta.

Es un hecho que todos los clientes son diferentes, pero también es un hecho que no todos tenemos la preparación intelectual y sobre todo mental para atender a un cliente como se debe y es muy importante que no solo el personal que atiende a los clientes cuenten con lo necesario para realizar su trabajo, sino que también los empleados de las distintas áreas, aunque remotamente algún día atiendan a un clientes, sepan que hacer y como dirigirse a ellos.

Cuantas veces no hemos escuchado la frase "la primera impresión es la que cuenta" cuantas veces no la hemos dicho, cuando conocemos a una persona, cuando nos presentan a alguien, cuando vemos a alguien por la calle, el área de servicio al cliente no solo levanta el teléfono y atiende la necesidad del cliente, en ese momento el trabajador se convierte en la cara, el rostro de la empresa, el representante antes la persona más importante, el consumidor, el cliente, no solo debemos de poner todo el empeño, también debemos de brindar todo el apoyo al personal de esta área.

Como ya se ha explicado antes, algunas empresas ven el área de servicio al cliente como una carga necesaria y no se le pone la suficiente atención que deberían, algunas otras empresas le ponen su ímpetu en la atención a sus clientes y hacen lo necesario para que esta área sea representativa para ellos, pero siempre tenemos que preguntarnos algo ¿estamos haciendo lo suficiente para atender a nuestros clientes de manera eficiente? ¿Estamos de acuerdo y satisfechos de lo que hacen los trabajadores al teléfono o detrás de una computadora, siendo la cara de la empresa? ¿Qué es lo que está haciendo la competencia en este campo? ¿Tenemos clientes felices?

En verdad es muy extraño que si yo hablo a una empresa, la persona que me atiende está del otro lado del mundo, ya que esta subcontrato a una empresa externa para que atienda lo más valioso que posee una empresa, y no es el dinero, son los clientes, no digo que este mal, pero esto no genera una buena impresión, esa primera impresión que debemos de mostrar a los clientes.

El área de servicio al cliente, no debe ser un juego, una simple área abandonada en el rincón de la empresa, pero es muy importante saber algo, el área de servicio, no es un conjunto de las mejores computadoras, los mejores teléfonos, cuarenta, cincuenta o más empleados contestando teléfonos o correos electrónicos, el área de servicio la hacen las personas, las personas correctas, se han preguntado ¿Cuántas personas atienden a los clientes en el área de servicio al cliente? ¿Con que sueldo se han contratado a cada una de estas personas? ¿Qué educación tienen cada una de ellas? ¿Los empleados están felices con sus empleos? ¿En verdad están capacitados para el puesto? ¿Tienen en sus manos las herramientas suficientes para llevar a cabo su trabajo adecuadamente? ¿Es un área independiente o dependiente, que necesita la aprobación de una persona o un área más para tomar las decisiones?

Si respondemos todas estas preguntas nos daremos cuenta por qué un cliente o más clientes, preguntan a diario por algún superior que los atienda, que escuche sus necesidades y no es porque el área de servicio no funciones, es más bien por qué no se ha hecho el trabajo de la manera correcta, no de una persona, de las personas que tomas las decisiones dentro de la empresa, pongámosle el nombre que quieran, pero están los puestos más altos, son gerentes o directivos, son ellos los que deben de interesarles más esta área y si no es así, los resultados no son los que se esperaban.

Capítulo VI: Me instalo para la ocasión.

Mi oficina es muy fría y a la vez tan caliente que solo deseo salir a toda prisa, tomo todas mis cosas tan rápido como puedo y apago la computadora, es viernes por la tarde-noche y es hora de empezar esta aventura fantasiosa, es solo que mis deseos son que todo salga bien, salgo de la oficina y veo por el pasillo que ya todos han salido, las luces están apagadas y todo está en perfecto silencio, salgo de la planta rumbo al estacionamiento y todo se confirma, en el estacionamiento solo resta mi auto, ya todos se han ido.

Apenas y si escucho a la persona de vigilancia, me ha dado las buenas noches, -buenas noches- le contesto con un poco de prisa, mientras busco las llaves de mi auto, mi mente solo trabaja lo necesario para pensar en mi mas frívolo objetivo, me subo al auto rápidamente y enciendo el auto, es hora de encender la luces, la obscuridad se empieza a hacer presente, el sol a dejado de radiar su luz por el día de hoy, creo saber dónde está el Motel X, no esta tan lejos lo he visto de reojo cuando vengo al trabajo, me pongo en marcha para llegar a mi destino.

El tráfico está un poco cargado, tengo que ser sincero y tengo que decir que tengo un poco de nervios, pongo un poco de música de la radio mientras conduzco a baja velocidad, el termómetro del auto marca 12°C se siente un poco de frio, pero aún se puede aguantar sin problemas, de pronto me doy cuenta que no tengo en mi cartera suficiente dinero en efectivo para la cita, tampoco no sé cuánto cueste el cuarto del motel, a unos cuantos metro hay un centro comercial, así que me salgo de mi carril para tomar la próxima salida y poder sacar dinero del cajero automático.

Rápidamente encuentro un lugar para estacionarme, salgo de mi auto lo más rápido que puedo y corro en busca de un cajero automático, no veo algún cajero de mi banco, pero eso ya no importa, así que el que me quede más cerca, retiro un poco más de dinero, de lo que necesito, por cualquier eventualidad, también no sé cuánto es el costo del motel, así que tengo que estar preparado, no me gustaría toparme con alguna sorpresa y que no lleve a cabo mi travesura, regreso al auto rápidamente y me pongo en marcha rumbo al motel, estoy seguro que está muy cerca de esta lugar.

Me da miedo que alguien que me conozca me vea entrando al motel, pero rápidamente me doy cuenta de que "en la noche, todos los gatos son pardos" así que rápidamente se me pasa esa preocupación, a lo lejos puedo ver el letrero del motel X, no debería de tardar un par de minutos en llegar, no quiero saber que decepción me llevaría si me dijeran que está lleno, pero la necesidad humana llega muy rápido y sin previo aviso, me acerco lentamente a la entrada del Motel, un auto más está entrando, pero rápidamente avanza, me detengo frente a una bocina y me dice a qué número de cuarto me dirija, enfrente de mi hay un letrero con los costos de los cuartos, no son tan caros como yo lo creía.

Una pluma me da el paso para avanzar a mi destino, a mi cuarto, los estacionamientos para los autos, tienen una cortina automática, mientras avanzo busco mi número, los cuartos tienen un gran número al frente, el mío es el 28, casi todas las cortinas de los estacionamiento están cerradas, hay muy pocas abiertas y una de ellas es la mía, ya la puedo ver, en el pasillo no hay nadie, parece un lugar desolado, meto mi auto en la cochera, lo acomodo para que la cortina no lo golpee, antes de bajar del auto veo que una personas aparece en mi retrovisor, me pone nervioso, bajo con un poco de desconcierto, pero solo me dice cuanto es lo que debo pagar, le doy el dinero y se retira rápidamente, cierro el portón automático y espero hasta que está completamente cerrado.

Tomo mi teléfono para marcarle a Priscilla, marca una vez, dos veces y me contesta antes del tercer timbre, le digo que ya tengo un cuarto en el motel X, me pide el número de este para llegar –en el número 28- le digo suavemente, -no se te olvide el vestido que me dijiste y lo necesario para un masaje- le recuerdo mientras entro a la habitación, -si no te preocupes llego de 15 a 20 minutos- me responde y de inmediato me cuelga.

El lugar se ve muy acogedor, pero sobre todo en este lugar donde todo es erótico, el piso esta alfombrado, el lugar huele bien, hay un par de espejos, uno detrás de la cama y una justo en frente, este es de cuerpo completo, hay un pequeño sofá y una mesa de centro, en la pared hay un par de resaques en los que hay una repisa, en uno un florero con naturaleza muerta y en el otro una pequeña figura de la Venus del Nilo, hay un extraño sillón o silla, que tiene una pequeña hoja de cómo utilizarse, es para hacer algunas poses un poco alocadas, creo que lo podría usar para una pose erótica, la cama es matrimonial y tiene una rosa justo en el centro de esta.

Las cortinas son largas y gruesas, solo hay una pequeña ventana que da al pasillo, pero las cortinas la cubre muy bien, prendo el aire acondicionado para poner la calefacción, el lugar es un poco frio, la regadera es muy amplia, sus paredes que dan al cuarto son de cristal, me imagino tener sexo en este lugar, bajo el agua tibia y llenos de espuma de jabón de la rosa, me siento a la orilla de la cama y tomo el control de la televisión, aun no se puede ver la imagen y está ya emite sonidos extraños de una relación, cuando llega la imagen, veo que es una película erótica, paso algunos canales eróticos, debe de haber 5, sino es que más, pero me gustaría más bien un poco de música que me ayude a relajarme un poco.

Volteo un poco a mi alrededor y veo en un pequeño buro un menú, aquí hay de todo, comida, venta de juguetes eróticos, bebidas, preservativos, flores y revistas, pero solo se me ocurre pedir un whisky, así que levanto el teléfono y oprimo el número cero, no he tardado nada para que me contestaran, una señorita me pregunta que es lo que deseo, solo pido una copa de whisky y un par de preservativos adicionales, me dice el costo y le digo que estoy de acuerdo, cuelgo el teléfono y me siento en el sofá.

Tomo mi celular para ver si tengo algún mensaje o llamada de mi esposa, no me gustaría que me marcara cuando este ocupado, así que mejor decido marcarle yo a ella y saber a qué hora va a llegar o si es que ya está en la casa

-bueno-

-que paso amor, ¿Dónde estás?-

-en la casa de mis papas como te había dicho-

-¿si vas a llegar más tarde a la casa?-

-sí, solo espero que no sea tan tarde, apenas estamos haciendo de cenar para los niños y también ha llegado mi hermano con sus hijos-

-muy bien, oye voy a pasar un ratito a un bar con los de la oficina, para platicar un poco y tomarme una copa de vino-

-si está bien, nos vemos en la casa, solo cuando salgas regresa con mucho cuidado-

-si tú también regresa con mucho cuidado a la casa-

-¿quieres que te lleve algo de cenar?-

-no gracias, es probable que nos pongan algo de botana o tal vez pidamos algo para cenar tú no te preocupes-

-ok, entonces nos vemos más de rato-

-ok, adiós-

En cuanto cuelgo el teléfono, tocan por la ventana, se me hace un poco extraño, pero me asomo y es una persona, trae la copa de vino y los preservativos, por una pequeña puertita me pasa las cosas y me dice el costo, tomo las cosas y le pongo el dinero en la bandeja, me vuelvo a sentar en el sofá y le doy un trago a mi copa, inmediatamente me levanto y me empiezo a desvestir, un rico baño antes no me caería nada mal, en cuestión de segundos estoy bajo la regadera.

6.1 El cliente en su hogar.

Ahora somos un cliente que desea hablar por teléfono a alguna entidad empresarial, tal vez hoy por la mañana hemos requerido saber algo de nuestro paquete de televisión por cable, ayer cuando llegamos del trabajo, nos encontramos que llego el recibo para el pago de este mes, pero hay algo muy extraño que no nos cuadra, nos han hecho un cargo que nosotros no autorizamos, mismo que hace que se incremente casi al doble el costo del servicio.

Cuantas veces al día recibimos llamadas o hacemos llamadas en el teléfono fijo y en el teléfono móvil, pero siempre hay algo que es verdad, cuando deseamos hacer una llamada en la cual requiere de mucha concentración y de tener la información a la mano procuramos realizar esta llamada desde un lugar en el cual nosotros nos sentimos bien, en el cual tenemos todo a la mano, toda la información, que se puede necesitar, a una hora en la cual sabemos que no nos molestaran, aunque a veces no es así, ya sea que lo hagamos desde un cuarto en específico del hogar, en la oficina, encerrados en el auto, sentados en la sala, procuramos que el momento sea lo más cómodo posible, ya que nuestra mente nos dice que es probable que recibamos alguna noticia que no sea de nuestro agrado y es por eso que se predispone para realizar el acto de llamar por teléfono.

En ocasiones lo pensamos un tiempo, unos minutos o incluso algunas horas, puede haber personas que hacen la decidía y lo pueden retardar por días, algunas otras veces nos enfurecemos por lo que estamos viendo y levantamos el teléfono de inmediato y con mucho coraje marcamos al teléfono, mandamos el correo o hacemos lo que sea necesario para que nos den una solución, si es un banco procuramos ir al banco para que nos aclaren la situación y nos digan la razón de por qué, pero también es verdad que todos en algún momento de nuestras vidas como clientes, que somos y que seremos hasta después de muertos, no estaremos conformes por el servicio de una u otra institución, marca, producto o servicio que recibimos.

Como clientes es correcto hacer el reclamo y que la empresa nos aclare nuestras dudas lo antes posible, pero también tenemos que entender que la empresa lo que busca en no perder dinero y muy pocas veces le interesara no perder clientes, nosotros como clientes estamos en nuestro derecho de levantar nuestra queja, también deberíamos de hacerlo a cualquier hora y día de la semana, de recibir la atención en nuestro idioma y sobre todo una atención de calidad, agradable y confortante, no con escusas y que al final no nos puedan resolver nada.

El cerebro es una maquina pensante muy capaz de cambiar de humor y de parecer en cuestión de segundos, lo último que deseamos es tener una preocupación más por culpa de una persona que no está haciendo bien su trabajo, a nosotros nos gustaría que nos dieran una respuesta rápida y que sea lo más acorde posible a nuestras necesidad, pero es verdad que nuestro cerebro se predispone a que algo puede salir mal, es por eso que siempre nos mantenemos a la defensiva y nuestra contraparte también lo va a estar, por una u otra razón.

Tenemos que tener en cuenta que es más fácil recibir una mala atención que una buena atención, pero claro que esta se puede revertir, existen empresas que en verdad saben que el cliente es la razón de su subsistencia y que no son los únicos en este mundo que pueden ofrecer un, producto o un servicio igual, ahora pongámonos de nuevo como un cliente, pero ahora somos clientes de un monopolio llamado gobierno, aunque se supone que no es así, cuantas veces no le pensamos una y otra vez para ir a hacer un trámite burocrático a alguna oficina de gobierno, lo pensamos una y otra vez, no es la decidía como se le suele llamar, es el temor de tener que ver a personas mal humoradas, dispuestas a atendernos de la peor manera posible con tal de vernos sufrir, pareciera que esto sucede en todo el mundo, por todos lados vemos algo igual o muy similar, sea un país desarrollado, en vías de desarrollo o subdesarrollado, siempre nos encontraremos con que ese servicio que se ofrece al pueblo es catalogado como malo.

Pero mucho tiene que ver con el lugar donde nos atienden, pocas veces son lugares que no son agradables, hay mucho ruido, muchos distractores, muchas cosas que nos pueden exasperar, ni el mismo persona que atiende está conforme y los clientes no se sientes a gusto, todos tenemos lugares donde nos sentimos muy tranquilos, lugares donde nos agrada estar, puede ser un parque, nuestra casa, nuestro cuarto, nuestra oficina, ¿claro que nos gustaría que ellos sean los que vengan a buscarnos para ofreceros el servicio, en vez de que seamos nosotros lo que tengamos que acudir? Esa es la diferencia, el que exista una armonía para todos, cliente y servidor, para que el servicio se pueda llevar a cabo de la mejor manera posible.

6.2 Un buen lugar de trabajo.

Has el siguiente ejercicio, en tu oficina o lugar de trabajo, ¿te sientes a gusto con todo lo que te rodea? ¿Qué cambiaría para sentirte un poco más a gusto en este lugar? ¿Qué quitarías y que pondrías como nuevo? ¿Crees que con estos cambios podrías rendir más en el día a día en tu trabajo? ¿Qué ayudaría a sentirte más como en tu casa? ¿Este lugar se convertiría en uno de tus lugres favoritos? ¿Crees que otras personas también se sentirían más como es su casa? ¿Crees que dejarías de tener menos estrés y que tu trabajo lo harías con mayor facilidad? Pues yo si lo creo, un lugar de trabajo en desorden o aburrido, nos predispone a que así es nuestro día, a que así es nuestro trabajo, aburrido.

¿Cuántas veces no nos levantamos y lo primero que decimos es "otra vez al trabajo"? Y lo decimos de una forma que nos causa más pesadez, pero pues ni modo tenemos que ir a buscar el pan de cada día, pero que tal si un día fuera todo lo contrario, que todos los días nos levantáramos con todas la ganas de ir al trabajo por el hecho de que el lugar nos parece formidable, porque nos hace sentirnos como en nuestra propia casa, entonces todo cambiaria, el trabajo se convertiría en una forma de vivir y no se subsistir, todos estaríamos más contentos, con nosotros mismos y con los que nos rodean.

Ahora imagínate que una persona trabaja en un Call Center para una empresa o para varias empresas, en el lugar hay mucho ruido de tantas personas que están hablando al mismo tiempo, algunos de ellos gritan por que el cliente con el que están tratando lo tratan mal, algunos otros están comiendo es su lugar y en el ambiente hay una mezcla de olores más que en un mercado ambulante, hay teléfonos sonando por todos lados, llegas a tu lugar de trabajo y la silla es en verdad incómoda, tu compañero a tu costado ocupa todo el pasillo porque tiene los pies arriba de su mesa de trabajo, grita mientas habla con el cliente, tu apenas y si te puedes mover en tu lugar, el teléfono que tienes está fallando y para acabarla de amolar la computadora no funciona correctamente, ¿ustedes creen que eso es un buen lugar para trabajar? Claro que no lo es y con todo lo que hay a nuestro alrededor, nuestra mente de predispone a estar de mal humor y trabajar no por gusto, si no por necesidad y eso repercute en el éxito de la empresa.

Recordemos que para tener éxito con nuestros clientes, tenemos que lograr que ellos sean clientes felices y contentos también es necesario tener empleados felices y contentos, siempre se puede empezar con tener animo de trabajar, de hacer de su lugar de trabajo un lugar agradable, recordemos que un empleado en la cual su función principal es la de atender a los clientes, ellos atenderán todo tipo de clientes, desde los clientes que siempre permaneces amables en todas las etapas de la atención, hasta los clientes que desde que levantan la bocina ya se encuentras muy enojados y a los empleados les tocara lidiar y atender a los clientes quieran o no, porque ese es su trabajo y en todo momento deben de tener la concentración para lograr su objetivo, tener clientes contentos.

Sabemos que un cliente se comunica o desea atención, puede ser para hacer una compra del producto, puede ser para dar las gracias por el producto o el servicio, para solicitar información respecto a lo que el adquirió o para hacer un reclamo, hacer valida su garantía, resolver alguna cuestión técnica, mismo que no es culpa del área de servicio al cliente, mucho menos del trabajador que atiende al cliente, ¿porque no recibe la llamada la persona de calidad o el trabajador que hizo mal su trabajo? Son ellos quien cometieron un error y es por eso que ahora tenemos un cliente enojado, mismo que si no es atendido correctamente puede hacer que perdamos más clientes o que simplemente no ganemos uno o dos más, con sus comentarios a sus conocidos ¿Quién creen que debe de tener más preparación, el personal de atención al cliente o el ingeniero de calidad?

Volvamos un poco al tema, cuando se va diseñar un lugar de trabajo para un área de atención al cliente, no basta con poner muchas computadoras, hacer los escritorios lo más pequeños posibles, para albergar al mayor número de personas, supuestamente necesarias para atender a todos nuestros cliente, tener dos o incluso tres turnos para atender a los clientes a cualquier hora, poner sillas económicas para no incurrir en más gastos, tener unos teléfonos medianamente buenos, computadoras económicas, porque mejor no empezamos con hacer un buen lugar que sea agradable a la vista, que motive a las personas en su trabajo y que puedan dar lo mejor de sí, les puedo asegurar que una persona capacitada y contenta con su trabajo y su lugar de trabajo, puede realizar el trabajo de tres personas mal humoradas, de las que trabajan por necesidad más que por gusto.

Creo que uno de los pocos trabajos en los cuales se requiere que una persona haga su trabajo por gusto a realizarlo es el trabajo de una personas que se dedica a atender a los clientes, los demás trabajos son trabajos que podemos realizar por necesidad de obtener un sueldo, este no debe ser así, porque podemos hundir a la empresa y a todos los demás que trabajan en ella, los que han tenido la oportunidad de contratar a una sexoservidora, se han dado cuenta que, en muchos de los casos, son ellas las que les proponen un motel en el cual pueden dar su servicio, aunque siempre están dispuestas a realizarlo donde sea, ¿creen ustedes que sea porque el lugar les es agradable para ellas y pueden desempeñar mejor su trabajo? yo creo que sí.

Y eso se puede apreciar muy fácilmente, si ellas están contentas y se sientes a gusto, esto lo pueden transmitir a sus clientes muy fácilmente, es por eso que este trabajo o servicio ha perdurado por muchos siglos, porque hay más clientes contentos que clientes a los cuales les ha tocado vivir malas experiencias.

Capítulo VII: El primer vistazo.

El agua de la regadera sale caliente, está muy bien a mi gusto, solo me he lavado el cuerpo, la cabeza solo me la he mojado, no quiero que mi pelo guarde algún olor que me vaya a meter en problemas, me quito el jabón de mi cuerpo mientras pienso un poco en la chica que está por llegar, si es en verdad como lo es en las fotos, claro que me encantaría bañarme con ellas y recorrer su cuerpo lleno de espuma, me parece muy excitante, escucho que alguien toca por la ventana, es una voz sensual, creo que ya ha llegado Priscilla.

Salgo lo más rápido que puedo, no quiero hacerla esperar, como puedo, tomo una de las toallas y seco mi cabello a toda prisa, seco mi cuerpo en un solo movimiento y me enredo la toalla en la cintura y salgo descalzo a la cochera para abrirla y que pueda entrar, de inicio doy por hecho que es ella la que está afuera esperando, pero justo antes de apretar el botón para que se abra la cortina pregunto con mi mejor voz varonil -¿Quién toca a la puerta?- esperando que si sea ella la que está afuera –soy Priscilla tu regalo para esta noche- me responde con una voz que me parece súper sensual, a lo cual solo aprieto el botón para que se abra el portón automático.

El portón lentamente empieza su recorrido, es muy lento que solo me hace sufrir, llevo unos cuantos centímetros y no puedo ver quien es la persona que está afuera, ya me muero del deseo de verla, de saber quién es, como viste, como es su cuerpo, si rostro, su pelo, unos cuantos centímetros más que el pontón ha avanzado, puedo ver unos zapatos de tacón alto no puedo ver bien el color, parecen negros o quizá rojos, pero no se pueden apreciar bien, el portón sigue si marcha lenta, es como estar esperando afuera de la sala de parto que salga el doctor y te diga que es niño o niña, puedo distinguir la silueta de un vestido largo, este no deja que se vean las piernas de Priscilla, pero sé que es uno de esos vestidos modernos que se usan la mujeres hoy en día, de esos vestidos que terminan en varias puntas.

Como quisiera poder tomar el portón y arrancarlo con mis manos o ayudarle para qué suba mucho más rápido, es por mucho muy desesperante, ciento que mis pies descalzos se me están congelando por estar en contacto directamente con el piso, la cortina automática ya me ha dejado ver un poco más de esta gloriosa mujer, puedo ver la silueta de sus pechos, el vestido marca muy bien su silueta, sus formas más puras de mujer, sus formas esculturales, es voluptuosa, más de lo que aparentaba en las fotos que había visto, pero aún me falta ver su rostro, el portón casi se ha abierto por completo, ya puedo ver a la mujer en toda su escultura, está muy bien formada, pero no hay una luz que la alumbre para ver a detalle su belleza, solo puedo ver su escultural silueta, las sombras de la noche la hacen bella de pies a cabeza, su pelo largo hace que en su sombra no pueda distinguir los rasgos de su rostro.

Camina directamente a mí, sus zapatos hacen eco en la cochera donde está mi auto, cada paso es como si creciera cada vez más, me quedo perplejo cuando está justo a mi lado, es un poco más alta que yo, creo que es por los zapatos, pero si no lo es así, no me interesa, me apego al dicho de "grandotas aunque me peguen" aunque siempre me han gustado más las chaparritas o las que son más bajitas que yo, como que son más manejables en la cama, paso justo a mi lado con paso lento, dejando a su caminar el aroma de su perfume, tiene un buen gusto, no es olor que te cala en las fosas nasales, el aroma es muy sutil, dulce, pero no llega a molestar, cálido pero no llega a quemar, me gusta el aroma, -te espero en el cuarto bebe- me dice con su voz ultra sensual.

Mi corazón empieza a palpitar a mil por hora, siento como si en verdad estuviera corriendo los 100 metros en la final de las olimpiadas, ya quiero entrar corriendo al cuarto y verla de pies a cabeza donde la luz haga resaltar su cuerpo y todas sus partes que lo acompañan, pero no sé qué hacer el portón aún no se ha cerrado por completo y no quiero que se detenga a medio camino y deje al descubierto lo que guarda la cochera, o que alguien se meta y nos vea desnudos, hoy hay cada pervertido que haría cualquier cosa para tener un momento de placer, uno de mis pies pretende salir corriendo rumbo al cuarto, mientras el otro se ha quedado anclado hasta ver que la cortina automática no se haya cerrado por completo.

7.1 Un rostro representa confianza.

"La calidad ante todo" pero la calidad del servicio, como clientes vemos todos los días imágenes en el internet, por la calle, en los periódicos, en la televisión o en algún otro medio que cuando se refiere a algo sobre una llamada telefónica, atención personalizada, vemos a una chica con una diadema telefónica, muy linda, con traje y una linda sonrisa, pero ¿se han dado cuenta que siempre es la misma chica o muy parecida? Una chica de rasgos finos, muy linda, con un traje obscuro de mujer, con su pelo recogido muy sonriente ella, de piel clara y mirada muy bonita y cuando marcamos sentimos que es ella la que nos va a contestar, eso se llama mentira, es solo una vil mentira que pronto se derrumba a nuestros oídos, cuando del otro lado del teléfono nos contesta alguien que no da señas en nada a lo que la chica nos muestra en la imagen.

Es una desilusión que las empresas generan, tal vez lo hacen inconscientemente, pero lo hacen, porque no ponen una imagen del lugar de trabajo real o mejor aún de uno de sus trabajadores, ¿Qué, sienten pena de la cruel realidad? ¿Por qué no se esmeran en tener gente de confianza en vez de gastar en promocionales que solo sirven para mentir a los consumidores? Eso es ser hipócritas o nos van a decir que esta chica trabaja para todas las compañías a la misma vez.

Es como todo, las personas tenemos la debilidad de enamorarnos por la vista, pero nos volvemos fieles cuando nos enamoramos por el corazón y la sinceridad, no con las cosas vacías que pronto muestras su verdadera cara, una empresa que ofrece servicios es cualquiera que tienen contacto con los clientes, por lo tanto y como toda empresa vive gracias a sus clientes, todas las empresas son empresas de servicios, directa o indirectamente, pongamos unos ejemplos:

1. La escuela, ya sea publica o privada, laica o católica, kínder o universidad, todo los alumnos que asisten a esta son

clientes, si asisten a una publica, con los impuestos que pagan los padres de los niños se pagan los suelos de todos y cada uno de los profesores que su función es enseñar, también el personal administrativo es parte del plantel y también son servidores de un servicio.

2. Un banco, aunque muchos de sus productos son prácticamente intangibles, es una entidad en donde el buen servicio puede hacer que una persona invierta, ponga su confianza para ahorrar su dinero, para solicitar un crédito, usar sus cajeros automáticos, prestar asesorías, retirar dinero, en donde las personas que trabajan en el lugar son los representantes de la marca, no quiere decir que los inversionistas sean los que deben de servirnos, pero si son ellos lo que deben de estar al tanto de lo que paso con su personal.

3. El gobierno, es una entidad que se creó para servir al pueblo, no para oprimirlo, se ha creado para buscar el bien de todos, no de solo unos cuantos, aunque en la práctica

todo parece que fuera lo contrario y nosotros como contribuyentes somos los que pagamos su nómina, los que les damos de comer y lo único que esperamos a cambio es un buen trato por todos y cada uno de ellos.

4. Las empresas, aquí nosotros tenemos la oportunidad de elegir que producto comprar o a quien contratar, claro, si no es que existe un monopolio, de lo contrario estamos mal, ya que así, las empresas que tengan buenos productos y/o servicios puedan permanecer en el mercado mientras las que no se esmeran es sus productos y clientes, tarde o temprano desaparezcan.

5. Estética canica, este ejemplo lo comento para ver que también somos clientes indirectos, el servicio lo recibe nuestra mascota, pero al final quien dará el punto bueno o malo del servicio seremos nosotros, lamentablemente las mascotas no hablan pero si lo hicieran, más de una de ellas nos dirían como es que la trataron en su baño mensual o cuando le tocaba el corte de pelo, esta misma idea se puede

aplicar a nuestro auto con los talleres mecánicos, solo que aquí nuestra vida puede estar en peligro.

6. Un crematorio, aunque sabemos que morir es de lo único de lo que podemos estar seguros, una vez que ya no existimos también necesitamos de alguien que haga el trabajo, yo no podré opinar, no creo que cuando llegue al cielo o al infierno, San Pedro o Lucifer, me esté esperando son una encuesta de satisfacción en la cual me pregunten, si me gusto como me embalsamaron o si estaba bien la temperatura a la cual me cremaron, pero nuestros familiares los que sí tendrán la oportunidad de juzgar el servicio.

7. Los hospitales, aquí existe una gran diferencia, entre la parte pública y privada, al menos en nuestro país, creo que si el servicio público fuera bueno, ya no digamos excelente, no quedaría lugar para las instituciones privadas, al igual que en la educación, eso dice casi todo lo que se puede decir.

De todo lo que consumimos, sea para vivir, para divertirnos, para nacer o para morir, hay alguien, directa o indirectamente, atrás de ello para que se pueda llevar a cabo, no es lo mismo ver una imagen, que ver a la persona en vivo y a todo color, ver su rostro, verla, escucharla y casi sentirla, el contacto humano es algo de lo cual no podemos alejarnos, aunque hoy en día el internet y las redes sociales, nos permitan interactuar de muchas maneras, el contacto físico con las demás personas va a prevalecer a través del tiempo, de lo contrario estaríamos en decadencia evolutiva y nuestra raza se estaría convirtiendo es una raza a punto de le extinción.

7.2 Gato pardo.

Hoy en día, más empresas recuren al nombrar el servicio al cliente como un argumento de venta, ya sea que se haga en menor o en mayor medida, pero muchas de las páginas de internet de las empresas, nombran en algún apartado o en alguna línea, el servicio al cliente y como esta área cabe dentro de la empresa, pero sabemos que "del dicho al hecho hay mucho trecho" esto no significa que no exista, lo que se muestra a los clientes es solo la silueta, no se muestran los rasgos más a detalles, las cicatrices, el color de pelo o el color de los ojos, es bien sabido, y no quiere decir que está mal, que es mercadotecnia para atraer a los clientes.

Para que un cliente se sienta aún más seguro de lo que ve, lo que oye, lo que percibe, lo que le están mostrando, tienen que ver un poco más allá de la simple silueta, de solo ver una sombra en el espacio vacío, pero esto no quiere decir que, como empresas, deben tener chicas y chicos supermodelos trabajando en el área de atención al cliente, con un tono de voz súper sexi, con cuerpazos, pelo rubio y ojos de color, creo que eso solo los países nórdicos lo pueden llegar a tener, pero las personas que tienen a su cargo atender a los clientes, su mayor fortaleza debería ser, el conocimiento y el saber escuchar pacientemente.

Un gato en la noche siempre lo veremos pardo, pero cuando sale a la luz, podemos ver sus rasgos que lo hacen diferente, el esconderse en la obscuridad lo hace ser igual al resto, lo importante es poder descubrir en él sus características, tal vez es muy tierno o tal vez es muy brusco, puede ser gris, con manchas, blanco, negro, puede ser que le haga falta una pata, que este lastimado, que sea muy joven o que sea ya muy viejo, puede ser que traiga collar o no lo traiga, que tenga dueño o que sea callejero, pero si siempre se mantiene en las sombras nunca lo sabremos.

Como se ha dicho, el conocimiento y el saber escuchar pacientemente deben de ser el arma más fuerte de todos y cada uno de los integrantes de un área de atención al cliente, sin importar el giro de la empresa, el producto o el servicio que prestan, pongamos un ejemplo, supongamos que un joven estudia en una universidad privada, mismo que cubre una colegiatura mensualmente, para poder tener sus clases de acuerdo al programa que, desde un principio le han ofrecido, recordemos que una escuela es una prestadora de servicios de educación, pero cuando llega a su cuarto semestre se lleva una gran sorpresa.

Primero, le comentan que tienen que llevar un par de talleres extras, que estos le servirán como desarrollo profesional y como un conocimiento adicional, pero al cabo de un par de semanas se los quitan de buenas a primeras, sin recibir un solo comentario o un porque de lo sucedido, al preguntarle al maestro que impartía el taller, este no le puede dar una respuesta concreta, ya sea porque tampoco sabe lo que ha sucedido o porque no quiere comentarlo, así que el alumno decide ir son su director de carrera o su director de licenciatura, y después de estarlo buscando o esperando sentado afuera de su oficina y de haber dado varias vueltas sin tener éxito de que lo atienda, esta persona, tampoco puede darle al alumno una respuesta concreta a su pregunta.

La mente del alumno empieza a dar vueltas, como es posible no poder obtener una respuesta a lo que él está preguntando, todo empieza a parecer que todas las frases que ha visto, escuchado, que ha presenciado en sus clases, que está escrita por todos lados, que sale en la televisión, en los periódicos, en los anuncios espectaculares, en la página de internet, en las redes sociales, pareciera que fueran solo una vil mentira y es que frases como, "el templo del saber" "El maestro enseña más con lo que es que con lo que dice" "la mejor manera de decir, es hacer" "la educación en la mejor herencia de los padres" "el conocimiento es poder. Ármate" "por un mejor futuro" "la buena educación lo es todo en la vida" "educar es despertar el espíritu de innovación" "Innovación que transforma vidas"

Y aun peor, la misión y la visión de la escuela está enfocada o habla sobre la formación de personas comprometidas con la sociedad, de alumnos con buenos valores, de dar a la sociedad personas mejor capacitadas, contar con los mejores maestros, con las mejores instalaciones, pero el alumno aún tiene una última oportunidad, sabe que hay alguien en el campus que debe de tener el conocimiento de todo y está casi seguro que le puede dar una respuesta o al menos, decirle quien se la dará, así que trata de hacer una cita con el rector de la institución, pero este mundo está lleno de sorpresas todos los días, el rector no lo puede atender, ni hoy, ni mañana, ni nunca, será que dentro de sus funciones no está atender a los alumnos, o será que él tampoco sabe que es lo que está pasando dentro de la institución que dirige.

Ahora en el alumno ya no existe un desconcierto, ahora solo existe algo de coraje, como es posible que nadie pueda atender su solicitud, ¿apoco en verdad es tan obscura la verdad? Así que ahora pretende ir mas haya, y algo que se pudo haber resuelto con tan solo darle la respuesta al alumno, que como cliente merece tener, es posible que haya que hacer algo más, el alumno pretende contactar al rector general, al rector de todos los campus, al mero mero, así que prepara un correo con todos lo sucedido, con lo que ha tenido que pasar y demuestra su disgusto, no solo con el personal, sido con la institución en general, si bien le va al alumno, va a obtener una respuesta, pero si ni siquiera esta persona, con toda la autoridad de hacer algo no hace nada, entonces todo quiere decir que es una mentira de lo que ha visto el alumno en su escuela.

Ahora ¿Qué creen que pase con este alumno si obtiene una respuesta por parte del rector general? ¿Qué creen que pase si no llega a obtener alguna respuesta? No solo el alumno es el que estará desilusionado, cuando esto se lo cuente a sus padres, que es muy probable que sean ellos los que paguen las colegiaturas, es muy seguro que también tendrán el deseo de saber sobre lo sucedido, y sean ellos, junto con su hijo de tomar una decisión, ¿qué pasa si el alumno decide cambiarse a otra universidad?, el alumno y los padres a partir de ese momento empezaran a hablar de mal manera de esta institución y si hay más hijos, es seguro que no asistirán a esta institución, por lo tanto se estarán perdiendo alumnos, clientes, clientes potenciales, las subsistencia de la institución y por algo que tenía que ver con escuchar, dar una respuesta y ser congruente con los valores de la institución.

Ahora nos damos un poco más de cuenta a lo se refiere ser una sombra, es muy fácil estar en el llamado mar rojo o mar de sangre, donde los gastos y la competencia es mucho más competida, donde ganar un cliente cuesta mucho más que si no lo tuviéramos, hoy en día la mayor parte de las áreas de servicio al cliente, están en este mar de sangre, muy pocas son las que en verdad invierten en innovar, muy pocas son las que buscan salirse de este mar rojo para moverse en aguas más tranquilas, en aguas azules, en el mar azul, casi libre de competencia.

Que se debe tomar en cuenta para no ser una sombra más:

1. Tener un área de servicio al cliente, propia o subcontratada.

2. Que el personal que labora en esta área sea el personal correcto.

3. Dar capacitación continuar al personal para que tengan las herramientas para atender a cada uno de los clientes.

4. Contar con un lugar adecuado para generar un buen ambiente de trabajo, para que el trabajador se pueda sentir como en su casa.

5. Revisar muy a detalle el personal que se contrata, recordemos que es la cara, los oídos y la forma de pensar de la empresa.

6. No contratar personal solo por cubrir un puesto, recordemos que una persona bien preparada, puede hacer el trabajo de tres personal no preparadas.

7. Que todo el personal sepa qué hacer cuando, por error o por solicitud del cliente, tenga que atender a un cliente.

8. Que los sueldos sean acordes a las responsabilidades, esto ayudara a que no haya tanta rotación en los puestos.

9. Saber escuchar y dar una respuesta.

10. Hacer saber que el cliente es primero, es la razón de ser de la empresa.

Estos son solo algunos puntos que se deben tomar en cuenta para que el mar rojo, el mar de sangre, en el que se navega pueda llevarnos a un mar azul de aguas tranquilas.

Capítulo VIII: Un beso que rompe el hielo.

Después de haber esperado una eternidad a que cerrara el portón automático, por fin a llegado a su punto más bajo, solo bastaba que se dejara de mover para salir corriendo de la cochera e ir directamente al cuarto y por fin conocer a la preciosa de Priscilla, entro al cuarto tratando de buscarla y ver donde se encuentra, pero trato de poner atención en que la puerta quede bien cerrada, no quiero que vaya a salir corriendo al ver con quien tienen que lidiar esta noche, pero al fin la puerta está cerrada.

Doy un par de pasos para quedar enfrente de mi copa de vino, tomo el vaso con rapidez, con un poco de nervios y le doy un buen sorbo, ni siquiera he sentido el alcohol pasando por mi garganta, solo la veo del otro lado del cuarto, ella está de espaldas, acomoda su bolsa y sus cosas en una pequeña mesa, yo aguardo pacientemente a que se desocupe, ahora sí puedo ver su cuerpo, ya no es esa sombra, ahora si es la mujer que vi en la fotos, ahora si es Priscilla, es ella con todas esas curvas que me imagine, es real.

Su pelo es rizado y llega hasta sus hombros, es de color castaño, el vestido rojo le da forma a su trasero, a pesar de que este no le queda ajustado, puedo ver un poco de sus pantorrillas, son muy blancas, me las esperaba un poco más morenas, sus zapatos son rojos, del mismo tono que su vestido, puedo ver su espalda desnuda, el vestido no la cubre, la puedo ver desde su cuello hasta su parte más baja, ahora no tengo duda de que mi elección fue la correcta, es la chica que me imagine, es perfecta para mi fechoría.

Dejo el vaso de vino sobre la mesa y me acerco a ella a paso muy lento, no dejo de admirar sus formas, ya quiero tenerla entre mis brazos, veo que ellas aún está sacando algunas cosas de su bolsa, creo que son los aceites para el masaje, también hay algunos preservativos, un juguete sexual y un lubricante, creo que me la voy a pasar más que genial, quiero arrancarme la toalla que tengo amarrada a la cintura, quedar totalmente desnudo y lanzarme sobre ella, tener todo el sexo descontrolado que no he tenido, cumplir todos mis deseos y unas cosas más que no he podido imaginar, mi piel empieza a arder.

Me detengo a un paso de ella, puedo ver pecas en su espalda no son muchas pero son excitantes, la tomo por la cintura, Priscilla se incorpora y se pega a mi cuerpo, deja que la abrase, pone su cabeza en mi hombro, al final no es tan alta como yo lo pensaba, apenas es de mi estatura con todo y tacones, la abrazo con fuerza, quiero que sepa que me muero de ganas por estar con ella.

-hola bebe, ya está listo-

-desde hace un rato, ya estaba listo, solo te estaba esperando-

-bueno ya no es necesario, ya he llegado para que disfrutemos juntos-

-este vestido rojo te queda perfecto, quisiera
arrancártelo a mordidas-

-no por favor, si no que me voy a poner para
regresar-

Le doy un beso en la mejilla, mis labios pueden sentir su tersa piel, una piel blanca casi perfecta, lentamente se da la vuelta para quedar de frente a mí, su rostro muestra que es joven, entre unos 25 a 27 años, si no es que menos, es muy bella, tienen unos rasgos bien marcados, su nariz es pequeña, pero no muestra rasgos de alguna cirugía, sus mejillas son rosadas y sus ojos son color miel y son igual de dulces que esta, sus labios son totalmente rojos, dan ganas de morderlos, besarlos, amarlos, no ha dicho una solo palabra más cuando inesperada mente me da un beso, puedo sentir su respiración acelerándose, puedo escuchar su corazón dando tumbos en su pecho, la tomo por la nuca para no dejar que se separe de mi boca, quiero seguir besándola, lo hago con delicadeza para no lastimarla, mi otra mano se coloca en su nuca, creo que hay una gran conexión entre ambos, creo que va a ser una larga noche.

Después de un momento del beso de bienvenida, se desprende de mi ser, despega sus labios de los míos, se coloca a unos cuantos centímetros de mi rostro, nuestras narices casi se tocan, solo se rosan ligeramente, haciendo que el momento sea único, -esto nunca lo vas a olvidar- me dice con voz muy sensual, al mismo tiempo que sus palabras entran por mis oídos, mi mente se pone en estado de shock, como si hoy fuera la primera vez, mi primera vez, como si hoy fue la primera vez que voy a tocar a una mujer, pero si es la primera vez que viviré una experiencia diferente, de eso no tengo duda, da un paso hacia tras y sostengo sus manos, la miro a los ojos, si me sonríe con mucha dulzura, si hoy no guardo la compostura, creo que me meteré en un grave problema.

8.1 ¿Quién rompe el hielo?

Las cosas siempre están bajo control, eso era lo que decían del reactor nuclear en Fukushima y ya ven lo que paso, ahora como clientes, se supone que debemos tener un poco la ventaja, pero muy pocas veces es así, ¿sabemos para quien trabajan las personas en una empresa? ¿Será que trabajan para ellos mismos, para sus propios sueños o para el cliente? Porque cada vez que tenemos que contactar o esperamos que alguien nos atiendas, en cualquiera de las formas, pareciera que solo trabajan para ellos mismos, sin importar mucho de los demás, pero es hora de hacerle el amor al trabajo, este también se lo merece.

Muy pocas personas, dentro del trabajo, tienen la oportunidad de hacer tantos amigos por lo contrario es más fácil hacer enemigos día con día, que el personal que labora en el área de atención al cliente y como clientes podemos tener un amigo o un enemigo en cada empresa o marca con las que tenemos contacto, lo mejor sería que fueran solo amigos, que un día de la nada poder ir a tomar un café, invitar a las personas a una fiesta, a comer o verse para simplemente conocerse en persona, pero es más fácil ver un cometa en el cielo dos veces en la vida.

Como clientes, siempre buscamos que la atención por parte del personal de soporte al cliente, servicio al cliente o similar, sea lo más amena y amable posible, pero no siempre obtenemos estos beneficios, de inicio tener que pasar por un extenso menú que nos empieza a poner los pelos de punta, después la musiquita que ya es por lo demás conocida y por ultimo tener de hablar o explicarle a una personas que con sus contestaciones muestra que no nos está poniendo la atención debida y es que contestaciones como "si" "aja" "ok" "está bien" "lo que usted diga" o escuchar solo el silencio eso hace ver muy mal, no a la persona, sino a la empresa a la cual representa.

Romper el hielo debe de empezar desde que nos contestan, deberíamos de sentirnos todo el tiempo atendidos y que no se finja que lo estamos haciendo, pongamos un ejemplo al respecto, imaginemos que es fin de semana, hemos salidos a dar un paseo en bicicleta con nuestra familia, el parque es muy bonito y hay mucha gente en el lugar, hay una ruta para hacer bici de montaña y nos aventuramos a dar un pequeño recorrido para sentir la adrenalina, pero la falta de experiencia y de pericia con la bicicleta, provoca que en un descuido caigamos al suelo, el habernos ensuciado no es lo que más nos preocupa, lo que es preocupante es que caímos sobre el brazo y no podemos moverlo, no sabes su hay una fractura o solo es el dolor.

Rápidamente la familia nos lleva al hospital, público o privado, el que sea de nuestra preferencia, durante el camino el dolor no desaparece, es lo contrario se extiende al tórax y empezamos a tener la vista un tanto nublada por el dolor, lo que hablan o platican los demás no logramos escucharlo del todo y solo deseamos llegar lo antes posible para que nos atiendan, al fin hemos llegado al hospital y entramos por el área de urgencias, deseamos que nos atiendan rápido, entramos a toda prisa buscando a una persona que nos diga que hacer y nos topamos con una enfermera que está sentada atrás de un mostrador.

Le explicamos que es lo que nos ha pasado y como es que sentimos el dolor, no sabemos que es lo que nos pasa, pero ahora sentimos que nos empieza faltar el aire, la señorita que está del otro lado del mostrador, ni siquiera nos ha volteado a ver y solo asiente con la cabeza todo lo que le estamos diciendo, claro que esto hace que nos enojemos, por más profesional que sea y sepa que es lo que nos pasa y que tal vez no sea nada grave, al menos deseamos que nos pongan un poco de atención, pero no pasa nada, las únicas palabras que salen de si boca son –"tome asiento en seguida lo atendemos"- eso es todo lo que sale de su boca, pero aún no ha hecho nada para saber qué es lo que nos pasa.

Pasan unos cuantos minutos y aun nadie nos ha venido a ver, seguimos sentamos en una sillas que son muy incomodas y el dolor aun es igual de fuerte, pero al cabo de un rato nos manda llamar al mostrador y nos pide algunos datos personales, nombre, edad, peso, estatura, enfermedades, si somos alérgicos a algún medicamente, pero lo que nos saca de quicio es que nos pregunta -¿Qué es lo que presenta?- a lo que no podemos mostrar nuestra cara de enojo, hace un momento le explicamos todo y ella solo nos ignoró, y no nos queda de otra que volverle a explicar.

Ahora supongamos que ya nos han atendido, que nos han tenido que sacar una radiografía del brazo y del tórax, para ver si hay algún hueso fracturado y después de unas horas de esperar nos dicen que es necesario que nos internen ya que en las radiografías se percibió que hay una costilla fracturada y esta perforo el pulmón, así que nos preparan para que pasemos unos días en observación en el hospital, entonces al final si había algo y tal y como nos lo dicen pues suena un tanto peligroso, en todo momento pudimos haber estado en riesgo y nos preocupamos aún más por el tiempo que transcurrió sin que se supiera que era lo que nos había pasado en realidad.

En cambio, que pasaría si desde que llegamos a urgencias alguien hubiera salido rápidamente a atendernos, nos hubiera recibido con frases tales como "no te preocupes, todo va a estar bien" "esperemos que no sea nada grave" "es probable que tengamos que hacer algunos estudios para saber si hay algún daño interno" "en un momento te estará atendiendo un especialista" "cuál es tu color favorito" "no te preocupes el día aún sigue siendo bueno, estas bien" tal vez este tipo de frases nos levantarían el ánimo, no nos pondrían de mal humor y se nos olvidaría por un momento el dolor que sentimos, todo porque sentimos que nos atienden, sentimos que estamos con los expertos y saben lo que hacen en todo momento.

Son solo palabras que se acompañan con hechos y gestos de las personas, como clientes lo principal que exigimos es que nos escuchen, después de que nos atiendan y por último que no nos hagan sufrir más.

8.2 Tan frio como el universo.

Hemos avanzado mucho en la tecnología, ya tenemos video llamadas, que hace solo unos años era casi inimaginable, ya nos podemos conectar con el mundo entero en cuestión de segundos, llegamos a la luna y vamos camino a marte, se han encontrado la cura a muchas enfermedades que antes éramos vulnerables, hemos logrado entender el universo de diferentes maneras, las televisiones se han vuelto más delgadas, en la palma de la mano tenemos los dispositivos más avanzados de telefonía móvil y los autos ahora también son eléctricos, pero pareciera que en lo que no avanzamos en la atención que se le brinda a los clientes.

El detalle radica en la personalidad de las personas, como se ha comentado antes, no todas las personas tienen la habilidad, la paciencia y los conocimientos para atender a los clientes, no está en su naturaleza, no está preparada o lista mentalmente y en muchas ocasiones tampoco está predispuesta para este trabajo, pero he aquí algunos tips sobre qué cualidades debe de tener un ejecutivo de atención al cliente con un poco de su explicación:

1. El timbre de voz: todas las personas en este mundo tenemos un timbre de voz distinto, nos comunicamos haciendo sonidos con nuestras cuerdas bucales y somos capaces de hacer miles de sonidos diferentes, somos capaces de hablar más de un idioma, de comunicarnos con muchos cambios de frecuencia y en su conjunto logramos decir lo que sentimos, cuantas veces no nos ha pasado que con el solo hecho de escuchar a hablar a alguien, logramos entender su estado de ánimo, su sentir en ese momento, pero también nos sucede que no soportamos oír hablar a alguien en particular o todo lo contrario, sentimos que la voz de ciertas personas nos parece una canción.

Es muy fácil de darnos cuenta de esto, si encendemos el radio nos vamos a dar cuenta que los locutores tienen un timbre de voz muy particular y cuando decidimos escuchar a uno es porque nuestro cerebro se siente a gusto con este timbre de voz, todo esto viene del estudio de las frecuencias y de la neurociencia, no es culpa de las personas tener un tipo de timbre de voz pero durante nuestra evolución como homo sapiens así es como se ha desarrollado nuestro cerebro.

La neurociencia ha descubierto que ciertos colores, olores, sonidos, superficies, sabores, pueden alterar el estado de ánimo de nuestro cerebro, puede ser para bien o para mal, es lo que pasa son el sonido, con el timbre de voz, con lo que escuchamos a diario, pero una voz más suave, ni tan aguda o chillona, ni tan ronca o brusca, es la que nos estimula de manera positiva, nos mantienen tranquilos, nos ayuda a serenarnos, pensar de manera positiva y sobre todo a pensar de manera correcta sin sobre saltos, lo ideal es que nuestro personal que atiende a los clientes pueden tener un tipo de voz que se suave, para generar en los cliente un ambiente de confianza.

2. Las palabras que usamos: el saber hablar de manera correcta, es otro cualidad que hoy más que nunca se ha estado perdiendo, existen miles de palabras en nuestro vocabulario, pero si las usamos de manera incorrecta podríamos ser capaces de iniciar una guerra mundial y no es que lo deseamos, tal vez es solo porque no logramos expresarnos de manera correcta, también las palabras que usamos representan nuestras personalidad y capacidad de comunicación.

Esto no solo se aplica cuando hablamos, también se aplica cundo escribimos, y es que cuando tenemos que contestar un correo, tenemos que poder plasmar las palabras de manera ordenada y las ideas de manera sencilla que sea entendible lo que deseamos expresar, eso de usar palabras cortas, escribir con faltas de ortografía o tener que estar adivinando que significan algún conjunto de letras, que no sabemos y están en otro idioma o mejor dicho en un nuevo idioma, esto también expresa mucho de nuestras capacidades de comunicación oral y escrita.

3. Saber escuchar: una cosa es oír y otra es escuchar, oír es solo asimilar los ruidos que nos rodean, pero escuchar es encontrarle el sentido a esos ruidos, en este caso a lo que nos expresa un cliente, poner atención en todo y cada una de las cosa que nos dicen, por ejemplo, cuando tenemos que atender a un cliente molesto, lo mejor es escucharlo, sin importar cuanto nos quiera decir, cuánto tiempo se exprese, pero hacer esto, estamos dejando que el cliente se desahogue y que al final, con más tranquilidad, puede ser él quien nos escuche a nosotros sobre la solución que le vamos a dar a su solicitud.

Lo que muy pocos saben es que cuando dejamos que un cliente hable y si nosotros en verdad lo escuchamos, es el propio cliente el que, dentro de sus palabras o ideas, nos está regalando la solución a su solicitud, pero lo importante es saber escuchar, no tenemos que tener a un experto o más expertos a nuestro lado para que nos ayude a tomar una decisión a lo que vamos a hacer, es solo repetir lo que el cliente nos ha dicho y sobre todo llevarlo a cabo.

4. Capacidad de aprendizaje: aunque no lo queramos hacer, aunque se escuche un tanto discriminatorio, no todas las personas tienen la misma capacidad de retención de las cosas, no todas las personas tienen la misma habilidad de aprendizaje, aun que podríamos decir que en un puesto de trabajo como este no se requiere de aprender muchas cosas o de acordarnos, pues no lo es así, necesitamos, por mucho, hacer uso de nuestra memoria.

Imaginemos una situación para poner como ejemplo, trabajamos en un centro de atención al cliente o call center, estamos a cargo de dar servicio a una empresa que maneja 3 diferentes tipos de aparatos electrodomésticos y recibimos la llamada de un cliente, mismo que necesita de información al respecto de uno en particular, si no somos capaces de recordar algunas cosas sobre esto, entonces el servicio que le estamos proporcionando puede ser ineficiente y por lo cual generar una reclamación de otro nivel.

Ahora supongamos que el cliente nos vuelve a llamar después de varios días, ahora necesita saber algo más de su producto, pero antes tenemos que saber lo que le dijimos en la primera llamada, ya que de esto depende parte de nuestras nueva respuesta, y si no recordamos que fue lo que le dijimos pues estamos perdidos y es probable que el cliente muestre un desinterés por nuestro producto y solo por una mala atención por parte de nosotros.

5. Estado de paciencia: se escucha algo extraño decir estado de paciencia, pero gran parte de lograr que haya un estado de paciencia por parte de un trabajador es el ambiente de trabajo en el que se desenvuelve, la otra parte, radica en el gusto por lo que se hace, recordemos que para este tipo de puestos de trabajador debe de laborar en estado de ánimo y

esto solo se puede lograr cuando se trabaja por gusto, por pasión, no por la necesidad de trabajar.

6. Tacto al hablar: no solo hay que saber hablar y decir las palabras correctas, hay que saber que palabras usar bajo qué situación y cómo usarlas, si las usamos mal nos podemos meter en problemas, pero si las usamos bien pueden ser la solución.

Hoy en día nos podemos comunicar con más personas, prácticamente de cualquier forma imaginable, por lo tanto es otra cosa al tener en cuenta, hay personas a las cuales no les gusta verse en un monitor, están predispuestos a que alguien los vea, también hay personas que no les gusta o no son muy asiduos a las nuevas tecnologías, también esto puede causar un retraso en el avance por ser diferentes en el mercado, este mercado cada vez está más competido, donde el producto deja de ser la prioridad.

Capítulo IX: La primera caricia.

Por un momento me quedo pasmado frente a ella, solo me quedo callado mirando sus ojos color miel, veo su rostro tan limpio casi al natural, acentuado por el color rojo de sus labios, no digo una solo palabra, es como mirar por primera vez algo nuevo, fantástico, solo me dejo sorprender una vez por la vida, veo su frente no es tal amplia, o al menos su pelo la disimula, sus cejas están perfectamente delineadas, sus pestañas correctamente risadas, su mejilla es normal, no es partida ni puntiaguda, solo es normal.

Mi mano se desprende de su cintura para subir lentamente hasta su rostro, uno más de mis sentidos quiere conocerla, mi sentido del tacto, su piel se nota delicada, limpia y cálida, aun no sé cómo se siente tocarla, mis manos aun guardan cicatrices del trabajo que me tocó vivir de pequeño, me tocó trabajar en el campo, en las tierras de mi abuelo, me toco usar la pala, el azadón y el pico para hacer surcos de riego, me toco usar el machete para ir a cortar pastura para las vacas y borregas, aun tienen las cicatrices y los callos del trabajo pesado que me tocó vivir, mis manos son ásperas y la piel es gruesa en mis dedos, pero aún tengo la fortuna de sentir lo que toco.

Mi mano tiembla un poco, pero no dejo de mirar como mis dedos tocan su frente, su piel es como el terciopelo, es muy suave no tiene imperfecciones, lentamente mis demos se mueven por su rostro, pasan por su el costado de sus ojos, aun sin patas de gallo, sin ninguna arruga formada, sus mejillas aguardan para ser tocadas por mis dedos ásperos, no me gustaría hacerle daño y arruinar su rostro, pero no puedo parar, es como comer un helado en pleno verano, no puedo dejarlo, quiero comerlo rápido, pero al mismo tiempo lo más lento posible, quiero disfrutar su sabor pero no puedo dejar que se derrita en mi vaso, quiero que se derrita en mi boca, sus mejillas son tan suaves como el pétalo de mil rosas, tan suaves como el algodón puro.

No puedo resistirme ni un solo momento más, mis dedos aun recorren su rostro, lentamente pasan por sus labios, haciendo que su boca se derrita de pasión, sin desearlo muevo su labio inferior y deja ver sus dientes blancos como la nieve, pero mi cuerpo solo sabe arder en llamas, como si estuviera en el mismo infierno, aun no puedo creer lo que veo, la magnitud de tal belleza en una sola mujer, llego al fin de su rostro, a su barbilla, la acaricio con mi pulgar y mi dedo índice, no quiero que este momento termine nunca, pero solo tengo el deseo de besarla una vez más.

Mantengo mi mirada fija en sus labios y me saboreo una vez más su sabor, es como morder y saborear una dulce, fresca y roja fresa recién cortada, así que sin pedirle permiso me abalanzo nuevamente a sus labios para besarlo con deseo pero con mucha delicadeza, cierro los ojos y me imagino que soy un adolecente, que está viviendo su primer beso, pero es que se siente muy similar, es una experiencia tal inusual en la vida, mis manos bajan lentamente por todo su cuerpo, puedo sentir su figura esculpida por el ejercicio, la aprieto a mi cuerpo para sentir que la tengo cerca.

No guardo la respiración para besarla con pasión, mi lengua ha entrado en su boca, sin desearlo y mis manos ahora están apretando su trasero, mismo que es más firme de lo que aparenta, pero es momento de seguir al siguiente paso, solo quiero que me ayude con el masaje que le solicite, retiro mis labios de los suyos, solo para darme cuenta que su labial ya no está, ella pasa su mano por mis labios para quitarme el labial rojo de mis labios, me hace sentir un hombre, me hace sentir que todo esto es más que real, pero es momento de tirarme en la cama para el masaje.

-vas a querer el masaje- me pregunta.

-claro que sí, tu dime que hacer-

-por lo pronto, acuéstate en la orilla de la cama, voy a traer los aceites-

-con mucho gusto-

9.1 A veces no basta solo escuchar, a veces queremos ver.

Somos clientes y por lo tanto somos exigentes, cada vez queremos más y mejores cosas y perece que no nos basta porque aun así lo obtengamos, nuestro deseo aumenta, pareciera que no tiene límites, pero no nos preocupemos, desde que nacemos así nos acostumbraron, el mundo globalizado funciona de esa manera, no es una enfermedad, es una adicción creada por el consumismo en el que vivimos.

Hay cosas que aún no podemos creer, como raza humana nos hemos generado cierta expectativa cuando se trata de dinero, y en eso estamos de acuerdo casi todos, tengamos poco o mucho dinero, las expectativas son iguales en todas las clases, pongamos un ejemplo al respecto, primero supongamos que tenemos mucho dinero, deseamos adquirir un auto, si mis limites no son el precio, entonces no escatimare en precios, lo que buscamos es ser originales, ya sea por la elegancia o lo deportivo, pensemos en un auto, que tal un Bentley, que mezcla la elegancia y la deportividad, para nosotros tener este auto puede ser uno de nuestros sueños, y después de tanto esperar para que nos lo entreguen, por fin lo tengo en mis manos.

De pronto el auto empieza a fallar y no sabemos la razón del por qué, pero no pasa nada solo tengo que hablar para que me atiendan y el auto pueda volver al funcionamiento habitual, tengo la información de cómo comunicarme con la empresa para comentarles lo que ha sucedido, pero además de eso yo deseo ver quien es la persona que me está atendiendo, como es, cuáles son sus expresiones, es una persona mayo, es joven, cual es el color de su pelo, ya que de todas formas no me gustaría que me dieran solo largas y no poder disfrutar de mi auto, tal vez no es el dinero, pero si el tiempo de espera, tener un contacto más cercano, genera una mayor confianza entre las personas, también se genera un compromiso.

Ahora tenemos una contra parte, supongamos que es una familia en la cual han pasado por penurias gran parte de su vida, pero al fin han podido lograr comprar un auto nuevo, ya no es un auto seminuevo, usado o incluso un "auto chocolate" ahora es un auto de agencia, tal vez el vehículo de entrada, pero la familia sabe todo el esfuerzo que han hecho para poder comprarlo, un día el auto, aun dentro de su garantía, presenta una falla y por lo tanto lo ingresan al taller para que sea revisado, lo dejan con la esperanza que pronto pueda salir, los atendieron bien en la recepción, pero después de dos días no han tenido respuesta sobre qué es lo que está pasando con su auto, nadie les llama, nadie les dice si pronto estar reparado.

Al ver que después de cuatro días no hay una respuesta, un miembro de la familia se da una vuelta al taller para preguntar sobre el avance de la reparación de su auto, de inicio no le dan un buen trato lo dejan esperando, como si estuvieran tratando de armar una excusa y después de un rato de esperar al fin le dan una respuesta, aquí el cliente también desea ser atendido, tal vez no es el auto de dos o tres millones de pesos, pero para él es parte de su patrimonio que con mucho esfuerzo ha logrado, el cliente solo quiere que se le atienda de manera correcta, desea que rebasen sus expectativas, que lo llamen para decirle algo sobre su auto.

Dos ejemplo muy claros que como clientes nos puede suceder, en mayor o menor medida, siempre buscamos que el producto y/o el servicio rebasen nuestras expectativas, siempre buscamos más, siempre esperamos, en nuestro subconsciente, que nos consientan, si somos de las personas que consultamos el celular para todo, tal vez tener una aplicación sobre mi servicio o que me permita ponerme en contacto con la empresa, ya sea para conocer los nuevos productos, hacer una cita, ver descuentos o incluso alguna venta especial, tener en mi corre, que me llamen para saber si estoy a gusto con mi producto o servicio, para darme las gracias por mi compra, para recordarme que le toca el servicio a mi producto y que este no vaya a fallar, para hacerme recomendaciones, ojo, algo que no nos gusta como clientes, y creo que a nadie, es que nos marquen para vendernos cosas y nos presionen con dos o tres llamadas diarias de lo mismo, eso no es atendernos como clientes, eso es fastidiarnos con lo mismo.

Que si hoy tengo el teléfono, que mañana puede hacer una video-llamada, que nos inviten a ver el lugar de trabajo, que nos inviten a la planta o al almacén, a su piso de ventas, que nos podamos comunicar con ellos mediante mensajes de texto, que tengan un abanico de posibilidades ilimitadas que nos permitan ser más libres y no depender solo de una vía de comunicación, eso es lo que decimos atender y estar en contacto con los clientes.

9.2 El uso de las nuevas tecnologías.

Un producto puede tener un gran abanico de clientes, puede ser que el producto este enfocado solo a los jóvenes, a los padres de familia o a los adultos mayores, a personas de todas las clases sociales o solo a personas de clase alta, a personas que viven en las ciudades o en ciertas ciudades, a personas que viajan mucho, a personas que viven en el otro extremo del planeta, no importa, hoy en día la tecnología nos permite comunicarnos de manera fácil, rápida y a muy bajo costo, ¿por qué entonces limitar esta comunicación con nuestros clientes a solo uno o máximo dos calanes de comunicación? Que no nos damos cuentas que también los abuelitos tienen un celular, también hacen uso del internet, que en lugares rurales también las personas tienen computadoras y conexión a internet, también tienen señal de telefonía móvil.

Recordemos que las limitaciones las ponemos nosotros como empresas, no nosotros como clientes, ejemplifiquemos esto en un ejemplo muy real, supongamos que somos una empresa que se dedica a vender lavadoras, que tenemos en el mercado 15 modelos de lavadora, desde las más básicas, hasta las más equipadas que lavan de todo, con ahorro de agua, de detergente y de luz eléctrica, pero sepa dios como, pero un cliente nos contacta para decirnos que su lavadora no está funcionando bien y que desea que un técnico vaya a si domicilio para que la revise, así que le pedimos sus datos para mandar al técnico, pero nos llevamos una gran sorpresa, el cliente nos contacta de Guerrero Negro, Baja California Sur.

Si nos ponemos a indagar un poco en ese preciso momento, vemos que el técnico que nos prestas el servicio está en Tijuana o en La Paz y para llegar a este lugar son mínimo 9 horas de camino desde cualquiera de los puntos, nos damos cuenta que estamos perdidos, que lo que se ganó en esa venta de esa lavadora, lo perderemos o incluso nos costara más, ¿ahora qué hacemos? Pues veamos más a detalle que es lo que paso con la lavadora antes de comprometernos a que un técnico haga la visita, después de escuchar al cliente y obtener la mayor información posible de lo que sucede, vemos que es algo muy sencillo, que ya hemos visto algunos casos así con otros equipo y que en menos de cinco minutos se puede arreglar.

Que pasaría en este caso si el cliente tiene una computadora a la mano con conexión a internet y que además tiene una cuenta de Skype, no sería mucho más fácil conectarnos de esta forma y podemos ver cara a cara y explicarle a detalle lo que debe hacer para que su equipo vuelva a funcionar, que nosotros podamos seguir paso a paso lo que el cliente hace y que veamos que lo hace de manera correcta, esto también es atender al cliente, no perdemos tiempo del técnico, atendemos al cliente y hacemos la reparación de su lavadora, en vivo, de manera remota, no dejamos en espera al cliente y sobre todo no provocamos un desaire en el producto.

Ahora pensemos en esta misma situación, pero hemos decidido mandar al técnico para que haga la reparación, damos por hecho que como empresa tenemos que cubrir el gasto de los viáticos del técnico y pues ni modo la ganancia la perderemos, después de un par de días el técnico se presenta en el domicilio del cliente para revisar la lavadora, pero esto no significa que la lavadora ya quede reparada, el técnico no tiene ni idea de cómo funciona esta lavadora, es la primera vez que ve una de estas y no cuentas con las refacciones para hacerle el cambio y mucho menos sabe diagnosticarla, ni modo que tenga que mandar a un técnico distinto, ni modo que le haga el cambio de equipo al cliente, si ya hicimos el gasto de mandar al técnico ahora lo intentaremos de todas las formas.

Así que podemos recurrir, a las nuevas tecnologías, que pasa si hemos creado una aplicación para brindar soporte a los técnicos o usamos alguna aplicación ya existente que nos permita ayudar al técnico a diagnosticar lo que sucede, que nosotros seamos sus ojo y él sea nuestras manos en aquel lugar, esto no solo nos acerca al técnico, esto también nos puede acercar a los clientes.

Innovar no solo en los productos, también innovar en el servicio al cliente o en el soporte al cliente, puede hacer que ganemos más mercado, puede ser eso que nos diferencie de los demás, puede ser eso que no nos haga quebrar, pero para lograrlo se requiere del compromiso de todos, desde los directivos, pasando por el área administrativa y sobre todo de los empleados del área en cuestión, no basta con hacer una sola cosa, siempre tenemos que estar un paso adelante en todo.

Como empresa ¿se han puesto a pensar sobre la rotación que existe en esta área? ¿Hay mucha rotación o poca rotación? ¿A qué creen que se deba este fenómeno? ¿Hay alguna manera de resolverlo? ¿Cuánto nos costaría resolverlo? ¿Nos traerá beneficios a corto, mediano y largo plazo?

Capítulo X: El masaje que pedí.

Me coloco en la orilla de la cama, para que Priscilla me pueda dar el masaje en la espalda, veo que ella se ha quitado sus zapatos altos, se pone a un costado mío, espero que toda la tensión de los músculos de mi espalda y de mi cuello se pueda desvanecer por completo, pero después de haber tenido unos días muy pesados en el trabajo, el cuerpo resiente esa carga de trabajo a la que no estamos acostumbrados.

Priscilla frota sus manos una con otra para calentarlas un poco, siento como es que el aceite empieza a caer en mi espalda, no es frio, está un poco tibio y en seguida siento sus manos en mi espalda, unas manos cálidas, que empiezan a recorrer suavemente mi espalada y mi cuello, hace presión con sus manos sobre mis musculoso doloridos y engarrotados, es un tanto doloroso pero al mismo tiempo es relajante, sus manos tienen una fuerza increíble, puedo sentir como sus dedos oprimen mi piel que esconde el estrés acumulado.

Por un momento se detiene, mismo que hace que levante un poco la cabeza para ver qué es lo que está pasando, ahora empiezo a tener un poco de sueño, el cansancio se empieza a hacer más evidente, estoy entrando en un estado de relajación, pero Priscilla hace que todo se vuelva euforia pura –me puedes ayudar con el cierre de mi vestido- me dice mientras me la espalda y con su mano derecha levanta su pelo rizado para que yo pueda bajar el cierre de su vestido rojo fuego, lentamente bajo el cierre mismo que con la mirada recorro cada diente del cierre con la mirada de perversión, quiero ver que es lo que hay más allá de ese vestido, su piel blanca hace resaltar aún más las pecas de la espalda, al fin he logrado bajar todo el cierre hasta la parte más baja de su espalda.

Ella se da la vuelta antes de quitarse por completo el vestido lleno de pasión, me mira a los ojos y sonríe, ahora me parece aún más sensual, solo puedo aguardar viéndola desde la orilla de la cama, con la espalda llena de aceite y una toalla enredada en la cintura, de pronto deja caer el vestido de un solo golpe, su sostén hace que sus pechos se vean grande y en su lugar, el encaje de este deja muy poco a la imaginación, pero su diminuta tanga no deja nada a la imaginación –vuelve a la cama- me dice mientras me acerca a mi rostro y me besa en la boca.

Como un loco desesperado me vuelvo a recostar en la cama, ahora me pongo justo en medio de la cama, me recuesto boca abajo y de inmediato siento como ella se ha montado en mis espaldas, siento todo su peso sobre mí, me ha dejado en solo un segundo inmovilizado, me siento como un pequeño animalito que esta enjaulado, amarrado de todas sus extremidades, que no puede moverse y mucho menos darse la vuelta, pero Priscilla es una profesional, me pone un poco más de aceite en la espalda y deja que sus manos hagan el trabajo.

Unos minutos más tarde se levanta un poco, quita su peso de mi espalda y con su mano y en un solo movimiento retira la toalla de mi cintura, las cosas se empiezan a poner color de hormiga, pero mi vista de a nublado un poco y mi mente solo deja que mi cuerpo sienta todo lo que hay a su alrededor, es como conectar todos los sentidos al mismo tiempo y tener una percepción aumentada de todo lo que mis sentidos están percibiendo, ya no siento la pesadez del día, mucho menos el cansancio de la semana.

Siento todo su cuerpo recargándose contra el mío, sus pechos recorren mi espalda, desde mi cuello hasta rozar mi trasero, tengo toda la espalda llena de aceite para masajes, mismo que tienen un aroma a rosas, pero ahora también tengo mi cuerpo lleno y cubierto de su aroma, se su aroma de mujer, de su pudor, de su pasión, dejo que ella me haga lo que ella quiera, no opongo resistencia alguna, me siento como un niño indefenso, sin poder, sin fuerzas.

Ahora me doy cuenta que esta experiencia no la había vivido antes, hemos nacido para experimentar, hemos nacido para darle una probada al mundo, estamos aquí solo una vez en la vida, por un pequeño lapso de tiempo, un segundo en la vida del universo, y esto también forma parte de la experiencia de vivir.

10.1 ¿Cubrieron mis expectativas?

Cuántas veces hemos quedado satisfechos, y satisfechos en realidad, de haber recibido un servicio o con un producto en particular, no todos los días podemos quedar con buen sabor de boca sobe este tema, aunque sabemos que, como humanos, no somos perfectos, y siempre deseamos más y más, se nos puede hacer una costumbre recibir un mal trato o simplemente lo damos por hecho que va a suceder de esta forma, tal vez por el hecho de que lo vivimos a diario.

Pero también puede llegar a suceder todo lo contrario, que un día en algún lugar, en alguna parte del mundo, una empresa, un trabajador, nos brinde un servicio de calidad, nos atienda como clientes que somos, que nos dé un poco de su tiempo, para resolver o asesorarnos con lo que estamos solicitando y que al final del servicio, cuando esta persona ya haya hecho su labor, sintamos una sensación de saciedad y tranquilidad, que si un día volvemos a necesitar de ese mismo servicio, ya sabemos, sin pensarlo, a donde o con quien recurrir, nos volvemos clientes leales.

Pero ¿Cuántas veces nos ha tocado vivir algo más que el buen servicio? Muy pocas en la vida, y aun que somos por demás exigentes y aún más cuando el costo del servicio o del producto que hemos adquirido va más allá de un precio accesible, es aquí cuando esperamos que nos traten mejor y no solo la primera vez, sino todas la veces que así lo requiramos, como que no siempre es el mismo nivel de servicio, aun así venga de la mima persona, pero pongamos un ejemplo de esto.

Supongamos que hemos decidido comprar un auto, primero revisamos nuestro presupuesto, para ver hasta qué punto son nuestras posibilidades, en segundo vemos la necesidad, si tenemos una familia, pues lo conveniente pude ser un auto mediano o grande, una camioneta o una SUV, así que son estas dos razones, nos dirigimos a las agencias de autos que son de nuestro agrado, pueden ser de origen americano, alemán, japonés, francesas, italianas, españolas o incluso provenientes de corea del sur, la familia completa nos acompaña para que ellos también puedan dar su opinión.

Primero solo vemos los autos, revisamos los colores disponibles, en cada agencia se nos acerca una persona, suponemos que es un vendedor, y nos ofrece sus servicios, nos muestra los autos, nos explica un poco las características, nos regala un folleto o un catálogo de los autos disponibles y en cada lugar al que vamos es muy similar el proceso, nos pasan a una pequeña sala, para que nos sintamos cómodos, nos ofrecen algo de tomar o incluso algo de comer, el lugar es agradable y la mayoría de las personas se ven felices y todos ellos muy profesionales.

Pero que pasa si esto es algo que ya hemos vivido antes, pues claro que se nos va a hacer de lo más normal, en comparación de alguna persona o familia que es su primera vez que adquieren un auto, en este caso, claro que los compradores sentirán una atención más allá de lo que se esperaban, se sentirán atendidos y sobre todo importantes, importantes como un cliente potencial, pero no todos los clientes son iguales, no todo los clientes tienen las mismas expectativas, y es aquí donde se tienen que romper los paradigmas.

Después de haber visitado una, dos o todas las agencias disponibles, por fin hemos elegido un auto que cubre nuestras necesidades y está dentro de nuestras posibilidades, tenían el color que a nosotros nos gusta, las parcialidades son muy buenas, nos regalan las placas y el tanque lleno de gasolina, entregamos nuestros papeles que nos solicitan y cuando ya todo está autorizado, nos dan una fecha de entrega, nos emocionamos y la familia también se pone contenta por la noticia, así que esperamos a que llegue el día para podernos subir a nuestro nuevo auto.

El día tan esperado llega, muy temprano nos marca el vendedor para recordarnos la hora de la entrega, nosotros nos preparamos y la familia se alista, nos arreglamos, porque esto también es un evento importante, es parte de nuestro trabajo y patrimonio, al llegar a la agencia nos recibe el vendedor, nos hace pasar a una sala especial donde entregan los autos, hay una sala donde nos podemos sentar cómodamente, nos ofrecen algo de tomar y unas galletas o algo de botana para comer, el auto está tapado con una manta o puede ser que tengo un gran moño en el toldo, hay una par de personas más que acompañan al vendedor para realizar la entrega del mismo.

Sin más que decir y hacer, hacen la develación del auto, el vendedor nos enseña el auto de pies a cabeza, nos enseñan las funciones, el uso de ciertos aditamentos o sistemas que posee el auto, nos explica la garantía, los servicios que se le deben de hacer y cada cuando se le deben de hacer, nos dicen todo lo que trae el auto, vemos que el motor está totalmente limpio, el interior todo está en orden y sobre todo el interior huele a nuevo, un olor muy característico, al fin son subimos al auto y lo podemos disfrutar en toda su plenitud.

En este ejemplo nos podemos tener dos sensaciones en los clientes, si es un cliente, que ya ha pasado por esto antes, por simplemente podrá sentir que el servicio de entrega y el momento de la entrega está bien, pero si es un comprador primerizo, la sensación será muy diferente, han sobre pasado por mucho las expectativas del cliente, sin hacer un esfuerzo más de lo que los demás también ofrecen, esto es un claro qué ejemplo de que todos los clientes somos diferentes, lo que para unos es excelente, para otros es bueno, pero puede ser que para otros clientes le queden a deber.

10.2 ¿Hemos logrado cubrir las expectativas de los clientes?

Como empresas o como prestadores de servicios, esto es algo que nos tenemos que preguntar todos los días, ya que las exigencias de los clientes crecen día con día, la competencia está al tanto de todo lo que hacemos para hacerlo también o para mejorarlo y esto puede llevar a que perdamos clientes o dejemos de ganar clientes nuevos, como empresas, el servicio debe ser algo en lo que también se debe innovar de invertir tiempo y recursos para lograr los objetivos, no quiere decir que exista un área de I+D+i pero tendríamos que estar pensando en algo similar que su objetivo sea el área de atención al cliente y no solo se enfoque en el producto tangible.

Recordemos que todos los clientes son diferentes, todos tienen diferentes expectativas, al momento de recibir un servicio o adquirir un producto y el lograr alcanzar o mejor aún, sobre pasar las expectativas de los clientes debe ser el pan de cada día de la empresa, para que los clientes se sientan atraídos por los servicios o el producto que se está ofreciendo, no todos los días logramos que un cliente nos diga que hemos sobrepasado sus expectativas, cuando esto debería suceder todos los días y con cada uno de los clientes.

Nada es más gratificante que recibir una felicitación por un cliente al cual hemos atendido bien y que ha disfrutado la experiencia del servicio, pero lo es aún más, cuando después lo vemos que regresa de nuevo para volver a adquirir los productos y los servicios de nuestra empresa, esto significa que el cliente es un cliente contento y que regresara a adquirir nuestros servicios o productos, pero ¿nos hemos puesto a pensar que es lo que llega a desencadenar esto? Como es que una misma persona pueda hacer que un cliente se sienta satisfecho y otros no o porque solo unos días y los otros no.

Y es aquí donde tenemos que poner mucha atención, no importa que pongamos un procedimiento, enorme, a la vista, con letra y explicación muy clara, en el cual se le explique al trabajador como atender a un cliente, que un porcentaje de sus ingresos estén ligados a lo que dicen los clientes en las encuestas, que tengan un supervisor que en todo momento este tras de ellos para revisar que todos hagan lo correcto y se le brinde el mejor servicio al cliente, que invirtamos en muchas más cosas, como tener un lugar agradable de trabajo, ofrecer mejores sueldos a los empleados, dar descansos, para comer o tomar el almuerzo, capacitar a los empleados para que tengas más armas, tener horarios más cortos o alguna otra cosa más, y todo para lograr que los empleados que atienden a los clientes, puedan dar lo mejor de sí.

Pero no todo los esfuerzos los debemos de enfocar a esto, recordemos, tenemos que encontrar las causa raíz y en la mayoría de los casos la causa raíz, está fuera del lugar de trabajo, la causa raíz, provienen del exterior, de lo que rodea la vida social y cultural del trabajador, del día a día, es el estrés lo que hace que las cosas se salgan fácilmente del control, pero es aquí donde se debe de invertir tiempo y recursos, y es seguro que se obtendrán resultados.

El estrés, está ligado a la vida diaria de las personas, así como se genera en el transcurso del día, también debe de haber lapsos de tiempo pensados para ayudar al trabajador, a que se deshaga de ese estrés, y el trabajo o empleo, también hace que se acumule más estrés del que el cuerpo puede soportar, sumado al estrés que genera la vida cotidiana de cada trabajador, y esto no es algo que se alivia con un sueldo, con amenazas de despido o dándole tiempo libre, porque el estrés está en todas las personas, es parte de la naturaleza de los humanos generar estrés día con día, y no se soluciona cambiando de empleado, porque tarde o temprano volverá a suceder, pongamos unos ejemplos, de cómo manejar, sin medicamentos, el estrés de los empleados.

1. Buen ambiente de trabajo: el buen ambiente de trabajo no solo se refiere a que el personal sea agradable, si no que el lugar de trabajo sea agradable, que los empleados se puedan sentir como en casa.

2. La sobre vigilancia: entre más cámaras, supervisores o restricciones se tengan en el lugar de trabajo, el trabajador se siente observado a cada momento, esto ayuda a elevar el nivel de estrés de las personas, no todas las personas están acostumbradas a estar ante una cámara, o tener a una persona tras de ella, para ver si hace lo que le corresponde, esto solo significa falta de confianza.

3. Horarios extensos de trabajo: hay empleos en los cuales, se trabaja más tiempo de lo que determina la ley y por supuesto que esto se llama explotación, el cuerpo no puede resistir más de cierto tiempo haciendo lo mismo, necesita de pequeñas distracciones durante el día para volver a recuperar frescura y no saturarse de lo mismo, pequeños descansos de 5 a 10 minutos cada 90 minutos ayudan a que los trabajadores se sientan más relajados y puedan pensar mejor lo que están haciendo.

4. Transporte: si es una empresa que brinda el servicio de transporte a sus empleados, un transporte deplorable, en la cual los camiones o las camionetas están en mal estado, huelen mal, el chofer es grosero, pone música a todo volumen y solo la que a él le gusta, da arrancones y frena muy fuerte, genera que los usuarios no estén a gusto, le piensan todos los días, para levantarse, sabiendo de lo que les espera, nadie quiere ir a su trabajo con este tipo de condiciones.

5. Mejores sueldos: como empresas podemos decir, "afuera hay quien puede hacer el mismo trabajo por menos dinero" pero no pensemos de esta forma, ya que todo esto repercute en la calidad del servicio, y quien va decidir el futuro de la empresa son los clientes que reciben el servicio, esta ideología no es sana para el futuro de la empresa, ofrecer mejores sueldos, de acuerdo al trabajo que se desempeña, ayudara a que no haya tanta rotación de personal y que los puestos estén más especializados.

6. Personal mejor capacitado: la capacitación continua es un arma que se agradece al momento de que un empleado haga su trabajo, cuando más conocimientos tenga sobre el tema o el producto, mejores serán los argumentos de venta, mejores serán los resultados frente a un cliente, ya que el profesionalismo también es parte del desarrollo personal y por tanto, saber más resultara que el empleado sea capaz de realizar más fácil su trabajo, sin tanto estrés.

7. Actividad física: una de las mejores maneras de deshacernos del estrés diario, es la actividad física, ya sea que la empresa invierta en equipos para hacer ejercicio, o que invierta en pagar un gimnasio, clases de natación, zumba, Pilates, yoga, o alguna clase de actividad física para sus trabajadores, es la mejor medicina para que se desempeñe de la mejor manera el trabajo, la mente está más clara, los problemas del hogar no se llevan al trabajo y viceversa, el cuerpo agradecerá el ejercicio y hará que la persona se sienta más a gusto consigo misma, se sentirá más sana, con más energía, porque mejor en vez de dar incentivos por llegar temprano, mejor darlo en la asistencia del trabajador a algún lugar donde puede ejercitarse, promover la actividad física, es también promover una mejor calidad de vida.

Estos son solo unos ejemplos, pero son los más importantes que repercuten directamente sobre el bienestar y la sensación de satisfacción de un trabajador, y más si este todos los días se enfrenta a situaciones de estrés como lo puede ser, atender de la

mejor forma a los clientes.

Capitulo XI: Creo que estoy muerto, porque me pongo duro.

Mi mente esta en blanco, es como haber recibido un golpe en la cabeza y no poder recordar nada, incluso mi nombre, no quiero que la noche se vuelva triste, fría, sin deseos, quiero parar el tiempo y vivir en este presente tan maravilloso, jamás vivido y siempre soñado, pero ha llegado el momento de dar el próximo paso, de dejar mi sudor en las sabanas, de hacer que mi corazón se acelere al límite, dejar que la naturaleza haga su trabajo y el deseo explote como una galaxia.

-¿ya puedo darme la vuelta?- le pregunto a Priscilla mientras trato de reponerme un poco para poder ver su rostro, ella aún tiene sus manos en mi espalda, el aceite se ha secado un poco, creo que es por el calor de mi cuerpo, -claro que si- me contesta la hermosa dama, mientras quita su peso de mi espalda, yo de un solo movimiento me pongo boca arriba, su belleza me ha vuelto a dejar perplejo, no tengo palabras para describirla, y no por que no pueda, más bien creo que no existen aún esas palabras, ya que las existentes se quedan cortas, cierro mis ojos para disfrutar el momento, ella me pone un poco de aceite en mi pecho, siento como sus uñas largas y pintadas de color rojo, rasguñan muy sutilmente mi piel, mi cuello, mi pecho.

Nada es más dramático que no hacer nada, mis manos ya no resisten más, un segundo se vuelve un siglo, lentamente mis manos acarician sus piernas, su piel es muy suave, me imagino a la mujer que tengo enfrente mío, como la mujer de mis sueños, la que es capaz de despertar mis más bajos instintos, pero en cuanto abro los ojos, me doy cuenta que Priscilla es más que eso, es la toda la sensualidad en una sola mujer, mi dedos temblorines, se acercar poco a poco, ya quiero sentir si trasero, pero el camino también se disfruta, es como ir de viaje a la playa, hacer un viaje de 10 horas, cuando debimos haberlo hecho en 6 o 7 horas, pero cada que algo nos llamaba la atención, nos deteníamos a la orilla del camino y disfrutar de la avista, de no perdernos un solo metro del camino sin disfrutarlo.

Su trasero es suave, firme, me faltan manos para poder tocarla por completo, no sé si tengo las manos pequeñas o su trasero es grande, pero creo estar seguro que lo segundo es lo que es real, aunque deseo apretarla y dejar mis manos pintadas en sus nalgas, me detengo por un instante, solo deseo que este sueño siga su curso, pero aún sé que me falta gran parte de su cuerpo por recorrer, pero su cintura es una parada casi necesaria, su vientre es plano y su cintura es pequeña, estoy seguro que está formado con horas y horas de gimnasio, con una dieta estricta y mucha dedicación, uno debe de tener mucho tiempo y hacer mucho esfuerzo para lograr un cuerpo escultural de este forma.

Ya he olvidado que mañana es sábado, ya he olvidado que tengo que llegar temprano a mi casa, ya he olvidado mi edad, me siento como un adolescente que empieza a explorar la sexualidad, que por su mente solo pasan mujeres desnudas, pornografía y no deja de ver a las chicas que están a su alrededor y que por primera vez esta frente a una chica desnuda, que la desea devorar de un solo bocado, pero al mismo tiempo hace todo el esfuerzo posible para que el momento vaya de forma lenta y disfrutar cada instante.

Mi manos siguen su camino, despúes de haber hecho una parada en un lugar muy agradable, en la cintura de una sirena, de una diosa de belleza, pero hay algo más que me espera, mis dedos sudan frio, están listos para sentir el cuerpo perfecto de Priscilla, ella sigue haciendo su trabajo, sus manos recorren mi pecho lleno de aceite aromático, con sus manos blancas como la cerámica, nada es tan gratificante como tocar sus pechos, mis manos apenas pueden abarcar sus pechos, deslizo mis dedos por toda el área, observo detenidamente y me concentro en guardar este momento en gran parte de mi memoria.

Me trato de resistir por un instante, pero no logro hacerlo, aprieto sus pechos con mis dos manos, lo hago muy suavemente, son duros, se nota que Priscilla ha invertido mucho tiempo y dinero en estos pechos, que se enmarcan bellos con las pecas que los rodean, han sido tocados por un cirujano, pero se nota la experiencia del cirujano, ya que es casi imperceptible la cicatriz pero sus pechos perfectos, tengo que dar las gracias al cirujano por haberme regalado este momento tan especial, único, mis dedos han quedado pintados en sus pechos, pero eso solo hace que mi cuerpo arda al máximo, ahora me encuentro más excitado que cuando me la imagine, ya deseo estar entre sus piernas.

11.3   Esto me puede alegrar el día.

Nada debería ser más normal que salir de la casa por la mañana para ir al trabajo, si tenemos tiempo, pasar a comprar un jugo de frutas o detenernos a cargar combustible, pero estoy es casi imposible en un mundo en el cual se vive de manera acelerada, ahora solo tenemos tiempo para ir a dejar a los hijos a la escuela y pisar el acelerador para no llegar tarde a la escuela, no podemos disfrutar del momento, no podemos disfrutar del mundo que nos rodea, y pocas veces nos damos cuenta que no estamos viviendo apasionadamente, solo estamos viviendo sin nada que nos haga sentir vivos.

Esto es algo que paso muy a menudo en todas las personas, que van de un lado a otro, recibiendo un servicio u otro servicio, conformándonos con lo que nos ofrecen y no con lo que requerimos o necesitamos, ya que la viva acelerada no nos permite detenernos y disfrutar el momento, a percibir lo que estamos recibiendo, a detenernos un momento y saber qué es lo que estamos haciendo bien o mal como clientes, a dejar una sugerencia, a dar una felicitación o simplemente a dejarnos apapachar con lo que nos ofrecen.

Como clientes, deberíamos ser los primeros en daros cuenta cuando algo no nos gusta, pero de los miles de millones de personas que todos los días recibimos un servicio por una empresa, por otra personas, solo unos cuantos nos ponemos el saco de clientes y solo unos cuantos ayudamos que mejorar el servicio al cliente de una empresa, solo unos cuantos decimos que es lo que está mal, lo que no nos gusta, lo que nos parece bueno o malo, lo que la contraparte está dejando de hacer, comentar los puntos buenos que tienen sobre su servicio al cliente.

Pongamos un ejemplo tradicional, en el cual tenemos que estar atentos y saber cómo actúan las personas cuando brindan un servicio y nos podremos dar cuenta que son hipócritas en todo momento, pero en parte es la forma de vida de la sociedad hoy en día, esta sociedad acelerada en todos los sentidos, supongamos que vamos a un lugar, una tienda donde venden muebles, una persona está haciendo guardia en la entrada del lugar, con algunos folletos en la mano, vestida de forma casi elegante y al momento que entramos en el lugar nos da los buenos días o las buenas tardes, nos recibe con una sonrisa y nos ofrece su ayuda para lo que nosotros necesitemos.

Pero no todo es miel sobre hojuelas, ni para el cliente, ni para el empleado que nos brinda su servicio, así que aquí hay dos caminos que se pueden tomar, expliquemos de mejor forma cada uno de estos dos caminos, el primer camino es el camino dulce, supongamos que nuestra presencia en el lugar es ver los productos y muy probablemente, comprar uno de los muebles que la empresa nos ofrece, así que María, la chica que nos esperaba en la puerta, nos acompaña en todo momento por el lugar, parece que es nuestra guardaespaldas personal, enseñándonos y resolviendo cada una de nuestras dudas, sobre los productos, los precios, las facilidades, los descuentos, la entrega.

María, la vendedora, la persona que nos ofrece su servicio, se nota amable en todo momento, se le ve alegre, se le nota atenta y sobre todo es amable, y como no, si esto le va a representar un ingreso extra, si es que nos convence de adquirir un bien, es un ingreso extra o es su forma ganarse la vida, pero todo cambia si es que elegimos el segundo camino, si el destino nos ha llevado a este lugar, no para comprar un producto, si no para algo totalmente distinto.

Es aquí donde nos damos cuenta de la hipocresía de las personas, es cuando nos damos cuenta si una persona nació para servir, supongamos que llegamos a las instalaciones de la mueblería, María está al frente en la puerta, -buenos días, en que podemos ayudarle- de inmediato ponemos nuestra cara de enojados –me puede decir con quien y donde puedo levantar una queja- sin decir mucho María, como si este mundo le cobrara factura por cada palabra que dice, nos contesta, -al fondo lo atienden- y es todo lo que nos dice, tratando de no hacer contacto visual – por quien pregunto- la cuestionamos para saber con quién nos dirigimos, -no sé, pero haya hay personas que le pueden ayudar- nos ponemos en marcha y cruzamos el establecimiento sin saber casi nada y con cada paso que damos nos enojamos más, nadie nos atiende como lo deberíamos.

Este es un claro ejemplo de la hipocresía en el servicio, como clientes deberíamos recibir el mismo servicio y el mismo trato, ya sea que adquiramos un bien o un servicio, o que tengamos que expresarnos por algo, todo es muy extraño, las personas actúan de manera diferente en cada momento en cada situación, te atienden de manera amable cuando les conviene y te dan la espalda cuando no es con ellos, ¿Qué no se dan cuenta que de eso también depende si volvemos a adquirir un bien o un servicio con ellos? el trato que nos brindan en todo momento.

11.2   El Acto de servir.

Como el ejemplo de María hay mucho, y lo vivimos todos los días y en todo momento, como empresas debemos de inculcar el buen servicio en cualquier momento, en cualquier situación, no solo cuando es conveniente para la persona, esto es algo que también amerita una estricta vigilancia por parte de los directivos, de los gerentes, de los dueños.

Dar un buen servicio es una acto que se debe de disfrutar como el mismo sexo, debe ser un acto que ambas partes puedan sentir el placer del momento, sea de una forma u otra, lo importante es que sea una verdadera experiencia agradable, no una mala sensación que provoque enojo y desilusiones.

El acto de servicio es un don con el que se nace, pero las actos, las formas de trabajar, la globalización, las tecnologías mal usadas y el mal manejo del estrés cotidiano hacen que todo se valla por la borda, pero esto también se puede cultivar, es como hacer que una semilla crezca en condiciones adversas, no solo se trata de sembrarla, se le tienen que dar sus cuidados, y no basta con un sueldo, hace falta mucho más que eso.

Explicare un caso, una persona es contratada para que dirija el área de servicio al cliente para una empresa internacional, con oficinas en diferentes ciudades del país y con oficinas en 7 países más, si principal objetivo es el de hacer que las quejas de los clientes se reduzcan, esta persona está más que dispuesta en hacer su trabajo, pero en pocos días se da cuenta que a nadie en la empresa le importa lo que sucede con los clientes, los técnicos, el personal de call center, los vendedores, el personal de refacciones, pasando por el área administrativa, gerencia y dirección.

Para empezar esto no es nada bueno, porque tarde o temprano se puede contagiar de la enfermedad llamada despreocupación y caer en el mismo circulo vicioso de perder el rumbo, pero que paso cuando la personas creen en esta persona, creen en su trabajo y creen en sus ideas, no solo puede hacer que su trabajo sea vea reflejado en su área, el área de servicio al cliente, si no también en las demás áreas en las que él no influye directamente, pero que indirectamente lo hace.

Cuantas veces no vemos que cuando no sale bien lo previsto o que no hay resultados esperados, la culpa es del trabajador a cargo, es como si fuera una selección de futbol, si algo sale mal es culpa del director técnico, pero no es así, la culpa es de todos los involucrados, empezando por los directores y los dueños, pero una empresa se puede pasar toda su vida tratando de encontrar a la mejor persona que cubra el puesto, puede gastar mucho dinero contratando a headhunter, consultorías y más para que los apoyen en contratar a la persona perfecta para este puesto, sin darse cuenta el problema no radica aquí.

A nadie le importo regar la semilla que había sembrado, a nadie le importo ver si necesitaba algo, aunque se lo pidieran, una semilla no crece por sí sola, siempre requiere de un pequeño empujón, esto también pasa con el trabajo, dar ánimos, brindar apoyo o interesarnos en el trabajo de los demás, eso también es brindar apoyo.

Claves de la primera parte.

El acto de servir debe ser una experiencia que debe de ser placentera, tanto para el cliente, como para el prestador de servicio, debe ser un ganar-ganar, el área o persona que se dedica al servicio al cliente, es igual de importante para una empresa, que el mismo director.

Uno de los trabajos más longevos de muestra humanidad es el sexo servicio, y en parte es porque existe un ganar-ganar, en un placer, es un momento placentero y es así como debería de ser el trato al cliente de todas las empresas, en esta primera parte hemos visto ejemplo y hemos hecho crítica sobre lo que vivimos todos los días, como clientes y como empresas, en la segunda parte seguiremos la experiencia con Priscilla, y sobre todo veremos consejos y formas de recuperar un área de servicio, como llevarla y como atender a los clientes de mejor manera, con ejemplos prácticas y con nuevas ideas a las ya vistas.

www.ingramcontent.com/pod-product-compliance
Lightning Source LLC
Chambersburg PA
CBHW021428170526
45164CB00001B/138